LA VIE EN L'AIR

W0397787

FRED FUGEN

Avec la collaboration

d'Anton Stolper

# LA VIE EN L'AIR

Robert Laffont

© Éditions Robert Laffont, S.A.S., Paris, 2023
ISBN : 978-2-221-27120-9
Dépôt légal : octobre 2023
Éditions Robert Laffont – 92, avenue de France, 75013 Paris

Cette histoire, cette aventure, cette vie, je n'étais pas supposé la raconter sans toi. Parce qu'elle n'aurait pas pu avoir lieu sans toi. On était les deux ailes d'un même oiseau. Ce livre raconte nos projets, nos folies, nos fêtes, nos rêves, nos amours, notre amour. Mais il manque une aile.

On disait toujours que les rêves étaient faits pour être réalisés. On pouvait le dire : on avait réalisé tous les nôtres, aussi fous soient-ils, jamais l'un sans l'autre.

J'ai passé la moitié de ma vie avec toi, Vince. Ces vingt années, on aurait dû les raconter à deux. C'était un de nos rêves. On avait d'ailleurs déjà commencé.

Aujourd'hui, je termine ce rêve sans toi, du mieux que je peux.

# 1.

Je suis né le 25 juillet 1979 à Saint-Cyr-l'École dans les Yvelines. Mes parents et moi avons vécu dans une maison à Élancourt, à une demi-heure de Paris. C'étaient des petits pavillons de banlieue avec des jardins. J'y ai grandi avec ma petite sœur, Florence. J'ai aussi une demi-sœur plus âgée, Anne, qui habitait en Suède avec sa mère. Tout au long de mon enfance, j'ai vécu une sorte de double vie. Les semaines étaient des plus banales. Je retrouvais mes amis à l'école et je passais mes soirées, enfermé dans ma chambre à faire mes devoirs interminables. Il y avait tout de même quelques indices quant à notre vie cachée. Des photos de parachutistes fleurissaient un peu partout dans la maison et il n'était pas inhabituel que je sois assis sur le canapé à observer mon père plier une voile étalée sur le sol. Une fois le week-end venu, on prenait la voiture pour parcourir les 120 kilomètres qui nous séparaient de La Ferté-Gaucher. C'était un petit aérodrome en Seine-et-Marne où un club de parachutisme s'était installé et qui accueillait des mordus de chute libre qui venaient de toute l'Île-de-France pour voler. C'est là que je vivais ma double vie. Mes parents avaient garé à l'année une petite caravane dans le camping de la dropzone (mot anglophone qui désigne un centre de parachutisme. Traduit littéralement, c'est une « zone où l'on tombe »).

Perdue au milieu des champs, La Ferté était un gigantesque terrain de jeu pour enfants, et pour adultes. À l'époque, c'était le plus grand centre de parachutisme de France. L'air y avait un parfum d'herbe coupée mélangée à l'odeur du kérosène. Sur la piste en herbe d'un kilomètre, deux ou trois avions se relayaient toute la saison, de mars à novembre, pour emmener les parachutistes à 3 500 mètres d'altitude. C'étaient les années 1980, les gens portaient des polaires et des vestes de survêtement de toutes les couleurs. L'été, quand il faisait chaud, on sortait les shorts en jean des armoires et on enlevait les T-shirts pour être torse nu. Les parachutistes étaient beaux, bronzés et musclés. Les lunettes de soleil Aviator étaient à la mode. Lorsqu'ils allaient sauter, les adultes endossaient des combinaisons elles aussi multicolores, des parachutes sur le dos et des lunettes en plastique aux verres clairs tenus par un élastique autour de la tête. Ils avaient des altimètres autour du poignet et marchaient jusqu'aux avions en tenant leurs casques qui ressemblaient à des boules de bowling découpées. Parfois, des appareils photo ou des caméras y étaient attachés. À midi, les gens se retrouvaient autour de tables installées au milieu des caravanes et recouvertes de nappes à carreaux pour manger un morceau. Le soir venu, des bouteilles de vin et de pastis étaient éparpillées dessus. Des télés étaient réparties un peu partout sur la dropzone. Des cassettes de chute libre y tournaient à longueur de journée. Les gens étaient passionnés, joyeux, heureux.

On y allait principalement pour accompagner mon père. Ma mère avait arrêté de sauter après la naissance de ma petite sœur, mais elle aimait y retourner pour retrouver ses amis. La journée, pendant que mon père sautait et que ma mère papotait, je retrouvais les autres enfants pour m'amuser avec tous les jouets inhabituels qu'on pouvait y trouver. L'une de nos activités préférées consistait à aller dans le bac à mousse que les moniteurs utilisaient pour enseigner la position à adopter lors d'une sortie d'avion. C'était une grande boîte ouverte qui devait faire 5 mètres sur 5 et dans laquelle des petits cubes en mousse étaient entassés. Les élèves, sous l'œil des moniteurs, sautaient depuis un petit tremplin installé au bord. Mais quand ces derniers avaient le dos tourné, on se précipitait pour se jeter dans le bac en faisant toutes sortes de figures imaginables. Il était installé dans le hangar, juste à côté des avions qui s'y reposaient. Parfois, il arrivait que la météo soit mauvaise. Mais cela n'empêchait pas la communauté de se rendre à la dropzone. C'était comme une grande famille. Pour nous, les enfants, une mauvaise météo voulait dire que le soir les avions étaient garés dans le hangar. Pendant que les adultes s'enivraient et qu'il faisait sombre, on se faufilait alors jusqu'à ces immenses engins pour grimper à l'arrière, là où montent les parachutistes. Il y avait cette odeur de mécanique et de kérosène si particulière.

On n'en avait pas le droit, mais justement, ça nous amusait de braver l'interdit.

Le jour, lorsque les avions étaient en l'air, je guettais régulièrement le ciel bleu azur au-dessus de La Ferté. Dès que j'apercevais les petits points noirs et les parachutes qui s'ouvraient, je plissais les yeux pour essayer de repérer celui qui ouvrait sa combinaison, saisissait un objet, et le lançait. Comme tous les enfants de 10 ans, je fabriquais mes propres parachutes miniatures. La plupart d'entre eux utilisaient un vieux sac plastique auquel ils attachaient des ficelles, au bout desquelles ils fixaient une petite figurine. Ils grimpaient ensuite sur un arbre ou un balcon et le lançaient. Ils l'observaient ensuite voler, planer, et espéraient qu'il ne se coince pas dans des branches ou n'atterrisse pas sur le balcon du voisin du bas. J'avais la chance d'avoir accès à du matériel un peu plus sophistiqué : à la place d'un sac plastique, j'utilisais des vieux extracteurs de parachute que me donnait mon père. Ce sont des mini-parachutes que l'on attrape et que l'on lance derrière soi pendant la chute libre. Ils sont reliés par une drisse à la voile principale, et une fois qu'ils sont gonflés, ils la tirent. Si on y attache une petite figurine, elle vole vraiment très bien. C'est ça que je cherchais dans le ciel. Une fois que je l'avais repérée, je courais dans tous les sens pour essayer de la rattraper avant qu'elle ne touche le sol. J'adorais ce jeu.

La dropzone me permettait, le temps d'un week-end, d'échapper à la routine de l'école et de savourer l'atmosphère insouciante des vacances.

Mon père a découvert sa passion en 1958, en Algérie, où il a grandi. Un jour, alors qu'il avait 17 ans et qu'il se promenait dans la rue, il a remarqué un livre dans la vitrine d'une librairie, avec une couverture bleue et la photo d'un homme en chute libre, les jambes et les bras écartés. Le titre était *Chute libre*, et l'auteur, André Suire, une légende du parachutisme et l'un des premiers à avoir sauté avec des caméras accrochées à son casque. Mon père l'a acheté, dévoré, et a ensuite décidé qu'il voulait voler lui aussi. À l'époque, le parachutisme civil n'était pas très développé. Il existait seulement un centre à Biscarrosse. Pour un jeune pied-noir en Algérie, il n'y avait qu'une façon de se lancer d'un avion avec un parachute : intégrer l'armée. Ce que mon père a fait. Il y est devenu mécanicien sur les avions de chasse, spécialisé dans les sièges éjectables, et s'est ensuite converti en para d'essai militaire, avant de poursuivre son métier dans le civil.

Il a passé sa vie à sauter, que ce soit pour le travail ou le loisir. Para d'essai est un métier particulier. Mon père aidait à développer du matériel, et le testait en lançant des mannequins équipés avec. Parfois, c'était lui-même qui sautait avec. Ce n'est pas une tête brûlée, au contraire, c'est quelqu'un d'extrêmement méticuleux, toujours dans l'analyse, y compris des drames. Par exemple, le soir, après avoir regardé les informations qu'il ne ratait jamais, il lui arrivait d'échanger avec ma mère sur un accident de para qui s'était produit, mais sans jamais montrer la moindre émotion, même quand il s'agissait de l'un de leurs amis qui était mort. Petit, je n'ai jamais vu mon père ému. J'imagine qu'il l'était au fond de lui, mais il avait une façon très analytique de gérer ces nouvelles, très militaire. Il expliquait ce qu'il s'était passé, détaillant les erreurs, que ce soit de pilotage ou d'équipement. C'est, je crois, la raison principale pour laquelle je n'ai jamais eu peur en sautant d'un avion. Il y a des gens qui n'aiment pas prendre l'avion, mais c'est souvent parce qu'ils ne comprennent pas comment il fait pour tenir en l'air. C'est pareil avec le parachutisme. Si on ne sait pas comment ça fonctionne, on peut s'imaginer tous types de scénarios d'horreur, notamment la non-ouverture. Néanmoins, à force d'écouter les analyses de mon père, je sais qu'il est très peu probable que ça arrive. Une mauvaise ouverture arrive à peu près une fois tous les mille sauts. Il y a 99,9 % de chances que la voile s'ouvre si on opère correctement. Et dans le cas où il y a un problème, il reste le parachute de secours. Les accidents surviennent presque toujours à cause d'erreurs humaines. J'ai pu constater cela tout au long de ma carrière.

Si nous passions une partie des vacances scolaires sur la dropzone de La Ferté-Gaucher, il arrivait qu'on aille pour quelques semaines, l'été, en Haute-Savoie. C'est là-bas, accroché à mon père, que j'ai réalisé mon baptême de l'air. Mon père faisait partie des tout premiers à avoir fait du parapente en France. Cette discipline a été inventée par un groupe de parachutistes haut-savoyards du paraclub d'Annemasse qui s'étaient dit qu'en décollant d'une montagne avec leurs ailes, ils pourraient économiser le prix de l'avion. En 1978, ils se sont retrouvés sur la commune de Mieussy, et ont commencé à se jeter de la montagne pour s'entraîner et parfaire la précision de leur atterrissage. Après quelque temps, ils en ont parlé à mon père qui les connaissait, et bien entendu, il a voulu essayer. Un jour de l'été 1986, alors que j'avais 7 ans et ma sœur 4, mon père nous a demandé si on voulait voler avec lui. Pour l'occasion, il avait dessiné un harnais de tandem miniature dans lequel nous pourrions entrer chacun à notre tour. C'est avec l'aide des couturières de son travail qu'il avait confectionné ce petit harnais rouge avec des sangles. C'étaient les tout débuts du parachutisme tandem. Nous avons donc dû être parmi les premiers à en faire en France. Aujourd'hui, c'est moi qui l'utilise lorsque j'emmène ma nièce de 5 ans voler.

À bien y repenser, mon père n'était pas peureux. Rien que pour décoller, il fallait lui faire sacrément confiance. Il utilisait une voile de parachutisme à neuf caissons, pas du tout faite pour se gonfler en courant au bord d'une montagne. Il fallait parfois s'y reprendre à plusieurs fois. Il nous accrochait à lui, nos pieds ne touchaient pas par terre et il nous demandait de nous mettre en boule pour que ce soit plus stable durant la course d'élan. Ensuite, il se mettait à courir. Nous étions secoués dans tous les sens pendant qu'il essayait de ne pas se casser la figure et d'aller assez vite pour gonfler la voile avant d'arriver au bord de la pente. Malgré un décollage chaotique, une fois dans l'air, je pouvais détendre mes jambes, m'asseoir dans le harnais et profiter de ce moment incroyable. C'était comme être assis sur une chaise suspendue dans le ciel. Je regardais en bas et voyais le monde tout petit à mes pieds, telle une maquette miniature.

Ma sœur a volé juste après moi. Elle avait 4 ans, et à cet âge-là, on ne se rend pas trop compte de ce qui nous arrive. Mes parents se souviennent de son baptême parce qu'à l'atterrissage, une fois décrochée de son harnais, elle a fait deux pas avant de s'extasier devant une petite fleur à ses pieds. Elle avait déjà oublié le vol et cela nous a bien amusés.

Je connais peu de pères qui emmènent leurs enfants faire du parapente à 4 et 7 ans. Ça peut sembler fou, mais ça ne l'était pas pour moi. J'ai toujours fait entièrement confiance au mien. En plus, il était champion du monde ! Il était à la tête de l'équipe française qui a remporté la coupe du monde de voile contact en 1982, une discipline où les parachutistes volent en formation sous voile et construisent d'immenses structures volantes dans lesquelles chacun vient poser ses pieds sur le haut de la voile d'un autre. Je n'hésitais pas à m'en vanter, d'autant plus que ma mère n'était pas en reste en termes d'exploit ! Elle avait été championne de France junior en précision d'atterrissage (PA) voltige, une discipline où il faut effectuer des figures en chute libre et se poser à un point précis.

Sa rencontre avec le parachutisme a eu lieu lorsqu'elle était petite. Alors qu'elle assistait à un meeting d'avions à Orléans, elle a vu une femme faire un saut de démonstration. Elle s'est alors promis qu'un jour, elle aussi, elle sauterait d'un avion. Mais ce n'est qu'en 1970, à 17 ans, par le biais d'un parachutiste que ma grande sœur avait rencontré en faisant du stop, qu'elle a fait son premier saut sur la dropzone de Nevers. Elle est tombée amoureuse du sport et, pendant cinq ans, y est retournée régulièrement avec des amis. Un jour, un para d'essai militaire est arrivé sur la dropzone. Un ami l'avait embarqué en lui promettant que la dropzone de Nevers était très chouette. C'était mon père. Il a rencontré ma mère et est souvent retourné à Nevers ensuite.

Ma principale peur quand j'étais petit n'était pas de sauter du haut d'une montagne, mais plutôt lorsque mon père me coursait à travers la maison avec la main levée parce que je n'avais pas rempli mon cahier de devoirs de vacances. Je détestais ça. En temps normal, le travail scolaire n'était pas mon fort, mais en vacances, c'était tout simplement de la torture. Mon père n'étant pas des plus patients, ça pouvait vite dégénérer. Il lui importait que je sois bon en maths et en français, il était beaucoup plus scolaire que moi. Il arrivait qu'il m'explique quelque chose plusieurs fois sans que j'y comprenne quoi que ce soit, ça l'énervait, c'était la baffe assurée. À sa décharge, je dois avouer que je n'étais pas le gamin le plus facile du monde. J'étais bordélique et pas des plus persévérants à l'école. Il m'arrivait de pousser le bouchon, et avec un père ancien militaire, ça se terminait souvent par une course-poursuite entre les parachutes dépliés.

À l'école aussi j'étais difficile. Les commentaires des profs tout au long de ma scolarité étaient à peu près les mêmes : « Fred a des capacités, mais ne travaille pas assez pour les développer. » Je me souviens notamment de M. Gentil, mon maître de CM2, réputé pour son contraptonyme. Lui comme sa femme, Mme Gentil, que j'avais supportée en CM1, étaient horribles. Une fois, pour me punir, il m'a saisi par le col de la chemise, m'a soulevé et déposé sur le haut d'une armoire du fond de la classe de laquelle je ne pouvais descendre seul. C'est peut-être à cause de cette expérience que je suis devenu parachutiste professionnel : pour ne plus jamais me retrouver coincé comme je l'ai été sur cette armoire.

Ma mère était la plus patiente. Quand nous pleurions et que mon père était agacé, c'est elle qui arrondissait les angles et détendait l'atmosphère. C'était une mère poule. Il lui est même arrivé plus tard, quand j'étais au collège, de lire les livres de mon programme pour faire des comptes rendus à ma place. Malgré le caractère moins enrobant de mon père, force est d'admettre qu'il nous a permis, à ma sœur et moi, de vivre des expériences incroyables. Il pratiquait toutes sortes de sports et d'activités – de la chasse sous-marine au parapente en passant par la planche à voile – qu'il a eu à cœur de nous faire découvrir.

La plus belle sensation que mon père m'ait fait découvrir, c'était en juillet 1989, quelques jours avant mon dixième anniversaire. Pour marquer l'occasion, il m'avait proposé de faire un tandem en parachute avec lui. J'attendais avec tellement d'impatience ce moment. À force de passer son enfance à regarder les autres, je brûlais d'impatience d'essayer moi aussi. À cette époque, j'avais déjà fait plusieurs vols en parapente. Mais ils n'avaient pas assouvi ma faim. Je voyais sur les vidéos qui tournaient en boucle sur la dropzone les images de chute libre et je m'imaginais ce que tomber pouvait procurer comme sensations. J'avais déjà assisté à des briefings avant les vols. J'étais déjà monté dans les avions. J'avais vu mon père plier des parachutes et préparer son matériel. Je connaissais tout par cœur, il ne me restait plus qu'à sauter.

C'est pour ça que je n'ai pas le souvenir d'avoir eu peur en montant dans l'avion. C'était un DHC-6-200 Twin Otter immatriculé F-BTAU. Je me rappelle la bande bleue qui parcourait la totalité de la carlingue blanche. On pouvait y lire : « La Ferté-Gaucher, Île-de-France, Parachutisme Sportif ». Un corbeau équipé d'un parachute rouge et d'un casque étoilé, le symbole de la dropzone, était peint sur la dérive. J'avais enfilé un survêtement rouge et un pull blanc. Les lacets de mes chaussures de sport beiges étaient bien serrés. Mon père m'avait donné une paire de lunettes avec une monture rose, un verre transparent et un élastique blanc qui passait autour de ma tête. C'étaient les mêmes que les siennes. Je n'ai pas porté de casque, mes cheveux bruns étaient juste assez longs pour que je les sente danser dans le vent. Au moment du décollage, j'étais assis par terre à l'arrière de l'avion, accroché à mon père par le dos. Autour de moi, une poignée de parachutistes resserraient une dernière fois leurs harnais. Je voyais par la fenêtre le sol qui s'éloignait. Soudain, au bout d'une quinzaine de minutes, la porte s'est ouverte. C'est très curieux de voir la porte d'un avion s'ouvrir en plein vol pour la première fois : le bruit est assourdissant, le vent souffle, il faut hurler pour se faire entendre. Une petite lumière au-dessus de la porte est passée du rouge au vert. Les parachutistes se sont alors rapprochés de l'ouverture, se sont jeté un dernier regard, ont beuglé un décompte et se sont lancés. Je ne m'attendais pas à ce qu'ils disparaissent aussi vite. Ils semblaient aspirés, l'un après l'autre, jusqu'à ce qu'il n'y ait plus personne entre moi et le vide. Là, j'ai eu peur. Mon père m'a serré contre lui. « *Ready, set, go !* »

On s'est élancés depuis le rebord de la porte dans ce que je pensais être le vide. Mais l'avion avançant à près de 150 kilomètres à l'heure, je me suis pris une gigantesque claque de vent latéral dans la figure à la sortie. Mes mains serraient aussi fort que possible les sangles qui entouraient mes épaules. Mon regard était figé sur le sol, alors même qu'à 3 500 mètres, il était trop loin pour que je puisse le voir s'approcher. Très rapidement, on a commencé à tomber verticalement. J'avais du mal à garder la bouche fermée avec tout l'air qui tentait de me déformer le visage, et qui réussissait plutôt bien, d'ailleurs. Ça confirmait que j'étais en chute libre. Quelques secondes après que l'on a quitté l'avion, alors que j'étais tout juste en train de découvrir ces nouvelles sensations, mon père a relâché le stabilisateur, un tout petit parachute qui stabilise et bride la vitesse de la chute à 200 kilomètres à l'heure. Une fois que nous avons été bien positionnés, mon père m'a saisi les mains. Il les a décrochées doucement des sangles et les a écartées devant moi pour me mettre pour la première fois en position de chute libre. Celle que les élèves pratiquaient dans le bac à mousse.

Je découvre alors pour la première fois la pression de l'air sur mes jambes et mes bras. C'est comme sortir sa main de la fenêtre d'une voiture qui roule. À 30 kilomètres à l'heure c'est rigolo, on peut faire des petites vagues. À 60 kilomètres à l'heure, c'est plus technique, on peut toujours faire des petites vagues, mais on comprend que le moindre changement de position de nos doigts peut briser la fluidité de la vague. À 90 kilomètres à l'heure, il faut presque un brevet de pilote : un mauvais mouvement et un coude luxé sont vite arrivés. À 130 kilomètres à l'heure, sur l'autoroute, on ne ressent rien parce qu'on s'est fait engueuler par nos parents et qu'on a dû fermer la fenêtre. Mais en chute libre, il n'y a pas de fenêtre à fermer et, surtout, on va à 200 kilomètres à l'heure. Même si c'est mon père et le ralentisseur qui déterminent ma position, je commence à me rendre compte du poids de l'air. À cette vitesse-là, ce n'est pas juste un mélange gazeux. On peut appuyer dessus, l'attraper, le tapoter, le frapper. On dirait un liquide dans lequel on peut bouger, nager, danser.

Au bout de 45 secondes de chute, mon père a tiré la poignée d'ouverture de l'aile principale. Le harnais a ralenti alors que mon corps voulait continuer de tomber. Ça tirait sur les épaules et sur le bassin. Une fois la tension établie et le parachute ouvert, on s'est fait balayer vers l'avant comme si on était sur une balançoire à 1 500 mètres. En se dépliant, ça fait le bruit d'un bateau à voile qui vire. Quand le navire pointe le nez dans le vent, ça claque et ça secoue dans tous les sens, puis une fois que le cap est franchi, et qu'on borde un coup la voile, elle fait un claquement un peu étouffé et tout se remet en place. C'était assez semblable pendant ce saut. Excepté un léger sifflement émanant de l'aile au-dessus de nos têtes, il n'y avait presque aucun bruit. J'ai retrouvé le calme du parapente. Le sol était à présent proche, je le voyais remonter. J'ai alors eu une petite conversation avec mon père, mais sans profondeur particulière. Il m'a demandé si j'avais aimé, j'ai répondu que j'avais adoré.

Sur les parachutes tandems, il y a des doubles commandes de pilotage qui permettent à la personne accrochée devant d'avoir l'impression de piloter la voile. J'ai donc pu piloter un peu la mienne jusqu'à ce qu'on soit à quelques centaines de mètres de la zone d'atterrissage. Mon père a alors repris les commandes et nous a posés en douceur, en glissant sur les fesses. Une fois décroché et relevé, je n'avais qu'une envie : repartir.

Pendant mon premier saut, un caméraman a tourné une vidéo de la chute. Un mois plus tard, j'ai fait ma rentrée en CM2. Je suis arrivé en cours avec la cassette dans mon sac. M. Gentil m'a laissé la montrer à toute la classe – seule et unique gentillesse de sa part de toute l'année. Du haut de mes 10 ans, je bombais le torse de fierté. J'avais volé.

Un souvenir particulier m'a marqué pendant ce saut. Alors que j'étais en train de savourer toutes ces nouvelles sensations, une main est venue saisir la mienne. J'ai levé le regard, toujours obnubilé par le sol qui ne s'approchait pas, vers cette main étrangère. Un bras y était attaché, au bout duquel j'ai découvert une gigantesque touffe de cheveux bruns volante. Elle était reliée à la tête de Philippe Vallaud, un ami de mon père qui avait sauté avec nous ainsi que deux autres personnes. Je ne me souviens que de son visage déformé par le vent. C'était impressionnant de se retrouver à 2 500 mètres face à face avec une tête. Comme il chutait à la même vitesse que nous, j'avais l'impression qu'il était en apesanteur. Malgré le vent, il réussissait à faire des grimaces maîtrisées. On aurait dit une sorte de chien fou, qui tirait la langue et faisait des signes de rocker avec la main, le poing fermé, l'index et le petit doigt dressés. J'étais perturbé par sa tête de pirate, je m'en souviens presque plus que du vol lui-même. Je ne savais pas encore que ce gentil pirate allait changer ma vie.

# 2.

Philippe Vallaud et mon père sont devenus amis dans les centres de parachutisme. Mon père s'y rendait la semaine pour tester du matériel qu'il développait sous l'œil intéressé de Philippe. C'est un personnage qui peut impressionner, encore aujourd'hui. Il a désormais la soixantaine, de longs cheveux bruns toujours décoiffés, une boucle d'oreille et un corps très fin. Je pense qu'il a la même tête depuis sa naissance. Ses yeux bleu clair perçants et son léger tremblement de la tête dû à une maladie lui donnent parfois un aspect effrayant. À une époque, il avait pris l'habitude d'endosser une peau de bête brune pour sauter, ça glissait mieux dans l'air, selon lui. Au fur et à mesure du temps, il a rencontré presque tous les directeurs de centres de parachutisme en France. Tous le connaissent. Aujourd'hui, il doit être le seul à encore sauter sans Cypres (un système d'ouverture automatique du parachute de secours). C'est interdit, mais on fait une exception pour lui, parce que c'est Philippe Vallaud. Il n'aime pas les règles et n'aspire qu'à la liberté. Il vit depuis toujours dans son van, allant de dropzone en dropzone avec ses jeans troués et ses pieds nus, loin d'Internet et des réseaux sociaux. Il subvient à ses besoins en donnant des cours de manière informelle. C'est presque comme s'il était en cavale, qu'il cherchait à s'échapper de la terre en passant autant de temps que possible dans les airs. Il a dû sauter plus de 30 000 fois.

J'admire son indépendance, c'est un rebelle. Petit, j'étais rassuré de savoir que des adultes comme lui existaient, d'autant plus qu'il est très gentil. Il tenait souvent ma figurine dans sa combinaison et la lâchait avec son mini-parachute au-dessus de La Ferté-Gaucher.

À La Ferté, il détonnait autant dans l'air que sur terre. Peu de personnes savaient voler comme lui, avec une telle maîtrise et une telle créativité. Lorsque j'étais petit, la grande majorité des parachutistes avaient la même position en chute libre : ventre vers le sol, bras et jambes écartés et tête relevée. Lui avait inventé ce que l'on appelle la chute debout et assise. Comme son nom l'indique, elle consiste à tenter de s'asseoir sur l'air qui défile. Il faut contrer le freinage provoqué par les jambes pliées – et qui menace de faire basculer l'équilibre du corps – en écartant les bras vers l'arrière. C'est très difficile, mais c'est beaucoup plus aérodynamique que la chute à ventre plat. Comme on va plus vite, chaque mouvement doit, en conséquence, être plus précis. C'était hors norme, original et extrême, et ça m'attirait.

Après mon premier saut en parachute, mes parents et moi avons passé un accord : à la fin de chaque année scolaire, si j'entrais dans la classe supérieure, ils m'offriraient un saut en tandem. À l'aube de mes 16 ans, à la fin de la troisième, j'avais enfin l'âge minimum requis pour pouvoir passer la progression accompagnée en chute (PAC). Ce diplôme permet de pratiquer le parachutisme seul. Évidemment, je piaffais d'impatience d'obtenir ce précieux sésame. Malheureusement, j'ai redoublé cette année-là, et mes espoirs ont été douchés : non seulement je ne pouvais donc pas présenter ma PAC, mais en plus j'étais privé de tandem, la double peine.

Je brûlais d'envie de faire de la chute libre seul, ça m'obsédait. Tous les mois, j'attendais avec impatience que le numéro de *Paramag* arrive dans la boîte aux lettres afin de le dévorer. Je n'ai jamais aimé lire mais ce magazine était l'exception qui confirme la règle. J'ai compulsé plusieurs fois tous les numéros. Régulièrement, je découvrais des photos et des articles sur Philippe, qui est devenu mon idole.

L'année d'après, entre juin et juillet 1996, j'ai enfin pu m'inscrire à la PAC. J'espérais que Philippe me la ferait passer à La Ferté-Gaucher dans la mesure où il avait les qualifications pour être moniteur. Malheureusement, mon père s'était arrangé avec un de ses amis, Bruno Malfait. J'étais affreusement déçu que ce ne soit pas avec Philippe.

La dropzone de Maubeuge était beaucoup moins fréquentée que celle de La Ferté-Gaucher. Durant la semaine où je passais ma PAC, à part Bruno et moi, il n'y avait que l'équipe de France de vol relatif (VR). À cette époque, c'était la discipline reine du parachutisme compétitif. Dans ce type de chute libre, les membres des équipes de quatre (VR4) ou de huit (VR8) se tiennent tous les jambes et les bras à l'horizontale et doivent réussir une série de figures, toujours avec le ventre vers le sol. L'équipe qui arrive à répéter le plus de fois la séquence prédéterminée remporte la compétition. J'ai toujours respecté ce qu'accomplissaient les adeptes du VR, j'avais vu des centaines de leurs vidéos au cours de mon enfance sur les dropzones, mais sans vraiment ressentir une attirance particulière. Je trouvais ça répétitif et rébarbatif. C'était une discipline de techniciens sans aucune créativité. C'était très à la mode dans les années 1980 et 1990, mais ce n'était pas du tout ce que je voulais faire.

Une fois ma PAC passée avec succès, je pouvais enfin sauter seul, me déplacer comme je voulais, tomber dans le sens que je désirais. J'étais attiré par ce que faisait Philippe. Je voulais tenter sa fameuse chute assise et explorer tout simplement la liberté que m'offrait la chute libre.

Vers la fin de la saison 1996, mes parents et moi nous sommes rendus à Saint-Denis-de-l'Hôtel dans le Loiret, le village de naissance de ma mère, où nous avions encore de la famille. Il y avait un centre de parachutisme à proximité, tenu par Bernadette, une amie de ma mère. Mon père allait y faire des tandems et moi, je l'accompagnais pour sauter de mon côté. J'étais en pleine découverte du vol solo. Je tentais, avec un succès mitigé, de voler dans tous les sens et de reproduire les figures de Philippe. C'était très difficile car je ne les avais jamais vues, j'en avais seulement entendu parler. Avant Internet, les gens se passaient des cassettes VHS de main en main et aucune contenant les sauts de Philippe n'était arrivée jusqu'à moi. Je n'avais pas non plus vu ces figures en direct puisque je n'avais sauté qu'une fois avec lui, lors de mon premier tandem sept ans plus tôt. Je volais donc à l'aveugle.

Un soir, lors de ce séjour loirétain, Julien Losantos, un ami de mon âge, m'a montré une cassette VHS sur laquelle était écrit « *Antigravity*, un film réalisé par Patrick Passe ».

C'était une compilation de tout ce qui se faisait dans le parachutisme à cette époque-là. On était au milieu des années 1990 et même si le VR était toujours la discipline la plus populaire, d'autres commençaient à se développer timidement. Dans ce film, en plus des séquences de VR, on voyait du *skysurf*, discipline dans laquelle le parachutiste saute avec une planche attachée aux pieds et glisse sur l'air tel un surfeur. Il y avait également du *freestyle*, décrit comme la « danse du ciel » : une personne seule réalisait une série de figures pendant que son coéquipier la filmait. J'ai toujours trouvé que ça ressemblait plus à de la gymnastique sur tapis qu'à de la danse. C'était une discipline que j'aimais plus que le VR, sans être totalement enthousiaste.

Alors que nous étions assis en train de regarder le film, juste après une séquence de figures de VR filmée au ralenti et accompagnée d'une musique classique soporifique, l'image est devenue noire et un silence s'est installé. Soudain, un accord de guitare électrique un peu évocateur est venu perturber cette tranquillité et un homme en pantalon et débardeur blancs, sans casque et pieds nus, est apparu. Il était en chute libre et on devinait, grâce à l'orientation de ses longs cheveux décoiffés, qu'il avait la tête en bas. J'ai reconnu Philippe. La caméra a enchaîné sur le gros plan d'un visage d'homme regardant le ciel de manière intriguée avant de revenir à Philippe qui volait cette fois-ci avec quelqu'un d'autre. Je suis resté bouche bée devant ce que je voyais.

Sur l'écran, Philippe et Frank Lepoole étaient en train de voler dans tous les sens, tête en haut, en bas, à l'envers, ils se déplaçaient dans l'air à grande vitesse. On en aurait presque oublié qu'ils chutaient. Et puis, ils étaient deux. C'était de la vraie danse, ça ! Ils se tournaient autour de façon orbitale. J'avais sous les yeux des images que je voyais non seulement pour la première fois, mais que je n'avais même pas imaginées. Ils étaient tête en bas ! Ce vol multidimensionnel, libre, sans contraintes et à l'envers était fou ! Tout me séduisait, des coupes de cheveux aux pieds nus, en passant par la musique, les vêtements et, bien sûr, les figures. Les quelques accords de guitare se sont transformés en *The Mighty Turtle Head* du guitariste Joe Satriani, un solo puissant de hard-rock. Les rares fois où Philippe et son partenaire de danse restaient immobiles, on avait tout juste le temps de discerner les immenses sourires qui illuminaient leurs visages. C'était la première fois de ma vie que je voyais du *freefly* et j'en suis instantanément tombé amoureux.

Nous avons passé le reste de la nuit à regarder cette cassette en boucle. Après cette révélation, j'étais impatient de me retrouver dans l'air afin de tenter de répliquer tout ce que je venais de voir. Mais avec l'hiver et le mauvais temps qui arrivaient, la saison s'est terminée. Je suis donc retourné au lycée, dans un internat à Chartres. J'y étais rentré l'année précédente, en seconde.

Mon internat était au pied de la cathédrale. Il se situait dans un ancien bâtiment qui s'appelait la Maîtrise. On l'avait nommé ainsi car le chœur de la cathédrale d'autrefois y était hébergé. C'était un vieux bâtiment poussiéreux avec un labyrinthe de salles souterraines, de greniers et de couloirs où l'on pouvait se cacher. Parfois, la nuit, après le couvre-feu de 22 heures, une fois que tout le monde était couché dans l'immense dortoir, une poignée d'élèves se levait discrètement. Ils marchaient sur la pointe des pieds pour limiter les grincements du parquet et se retrouvaient dans l'une de ces pièces pour fumer des joints, boire des bières et se raconter des âneries toute la nuit.

En seconde, je ne faisais pas encore partie de la bande nocturne. À la place, je passais mon temps à repenser au film *Antigravity*. Pendant les cours, je dessinais des petits personnages en chute libre qui faisaient du *freefly*. Le soir, je m'imaginais en train de voler en compagnie de Philippe, avec l'espoir d'en rêver une fois le sommeil venu. J'attendais avec impatience le week-end pour retrouver mes parents et ma sœur, mais surtout parce qu'il y avait à la maison un magnétoscope qui me permettait de regarder en boucle une copie d'*Antigravity* que je m'étais procurée.

Un samedi de décembre 1996, alors que je suis revenu chez mes parents, j'entre dans la cuisine pour le petit déjeuner et je tombe sur le nouveau numéro de *Paramag*. En voyant la couverture, je ressens la même excitation que quand j'ai découvert *Antigravity* : on y voit quatre parachutistes dans l'air, debout, à l'endroit. Ils se tiennent tous par les bras. L'un d'entre eux a dégagé l'une de ses mains et pointe le doigt vers le haut de la page. Et je comprends que c'est le sol qu'il désigne ! Ils sont tous les quatre en train de chuter, tête en bas ! La photo a été prise à l'envers.

J'ai halluciné devant cette image. Cela peut ne pas sembler si impressionnant que ça aujourd'hui, mais à l'époque, c'était inouï ! Personne ne volait la tête à l'envers, je n'avais vu que Philippe le faire dans le film. Là, ils étaient quatre. Après être resté sonné quelques secondes devant cette couverture, j'ai commencé à tourner les pages. La photo correspondait à un article de Patrick Passe, celui qui avait aussi réalisé *Antigravity* et dont le frère, Bruno, était rédacteur en chef du magazine. L'article portait sur le *freefly* festival qui s'était tenu à Eloy en Arizona, en novembre. Une semaine durant, une dizaine de *freeflyers* s'étaient retrouvés là-bas pour explorer cette toute nouvelle discipline. Dans le chapô de l'article, Patrick Passe écrivait : « Il n'est plus concevable de penser que le *freefly* ne puisse pas être la discipline de demain, surtout après cette semaine en Arizona où une dizaine de *freeflyers* ont fait un pas de plus dans le domaine. Un pas de géant. » Oh combien il avait raison.

Quelques années avant, Olav Zipser, un Allemand vivant aux États-Unis, avait inventé une technique qui permettait de voler la tête en bas. Il n'était pas le premier à le faire. Dans les années 1940 en Italie, Salvatore

Cannarozzo, l'un des pionniers de la chute libre, avait déjà mis au point une technique de vol similaire. Mais Olav l'avait perfectionnée. Lorsqu'on se met la tête en bas, on va beaucoup plus vite. C'est la position la plus aérodynamique que peut atteindre un corps humain, et qui permet de franchir sans difficulté les 300 kilomètres à l'heure. En comparaison, les pratiquants de VR tombent à environ 180 kilomètres à l'heure. À cette vitesse élevée, chaque geste, chaque mouvement peut venir perturber la trajectoire et si l'on est plusieurs, les conséquences peuvent être dramatiques. Imaginez, si deux personnes se rentrent dedans, c'est l'équivalent d'un choc frontal à 60 kilomètres à l'heure. On risque de mourir. À l'époque, les systèmes de sécurité automatiques n'étaient pas courants. On était au tout début de la discipline. On ne se rendait pas compte des risques liés à la pratique du *freefly* puisqu'on la découvrait. Olav avait réussi à développer une technique qui, une fois assimilée, permettait d'être si stable qu'on pouvait justement voler à plusieurs en sécurité. C'est en mélangeant la chute assise de Philippe et la chute tête en bas d'Olav, que le *freefly* est né.

Le *freefly* festival de novembre 1996 permettait de réunir tous ceux qui développaient la discipline, dont Olav Zipser et Charles Bryan qui était à la tête des Freefly Clowns, le premier collectif de *freefly*, et qui organisait la rencontre. Ils étaient là pour imaginer des techniques de *freefly* accessibles à tous et pour tourner un film, *Freefly Chronicles,* qui à sa sortie un an plus tard, me retournerait le cerveau.

J'ai passé le début de l'année 1997 à rêver de ces photos, à regarder sans cesse *Antigravity* et à dessiner mes figures. Une fois que la saison a repris, j'allais autant que possible sur les dropzones pour pouvoir m'améliorer. Mon père m'avait gentiment offert soixante-dix sauts d'avion par an. C'était un très beau cadeau, mais j'avais tellement envie de progresser en *freefly* que je les ai utilisés rapidement. L'été est passé ainsi et, en septembre, j'ai entamé ma première en section sciences et techniques tertiaires. Le premier jour, on nous a annoncé que le passage en terminale était automatique. Dans mon esprit de 17 ans, cela voulait dire que je n'avais pas grand-chose à faire. Et c'est bien ce qui s'est produit : j'ai passé l'année à retrouver les terminales, à fumer mes premiers joints et à boire mes premiers coups.

Tout ça était possible grâce au directeur de l'internat, un vieux monsieur surnommé Duduche qui portait de grosses lunettes, des cravates et de vieilles vestes à carreaux brunâtres. Il savait pertinemment ce qu'il se passait dans son établissement une fois la nuit tombée, mais tant qu'on restait discrets, il laissait faire. C'était un peu notre papy à tous.

On était une poignée à se donner rendez-vous dans l'ancien pigeonnier en haut d'un escalier en colimaçon qui craquait pour fumer. J'étais déjà attiré par ce qui est interdit. On ne faisait de mal à personne, mais on était des alternatifs, on n'aimait pas les règles. Et ceux qui les respectaient à la lettre ne nous aimaient pas trop non plus. Sur les dropzones, les *freeflyers* étaient pareils, et je voulais en être.

À la fin de l'été, j'attendais pour la première fois de ma vie la rentrée avec impatience. Comme le voulait la tradition, on allait recevoir le trousseau de clés que s'étaient procuré des anciens élèves et qui se transmettait de terminale en terminale. Même si on en avait bien profité l'année d'avant, on allait enfin devenir les maîtres de la maîtrise. La perspective de pouvoir explorer toutes les salles la nuit me réjouissait. Mais en arrivant à Chartres, on a appris que Duduche avait pris sa retraite. On a très vite réalisé que celui qui le remplaçait n'était pas aussi sympathique. Il avait embauché un adjoint qui s'était donné comme mission de patrouiller la nuit dans tout le bâtiment. Il ressemblait à un skinhead avec ses cheveux rasés, son Bombers et sa torche Maglite. Il était devenu impossible de se retrouver la nuit : se faire attraper impliquait un passage au commissariat. J'étais écœuré, mais avec le recul, si Duduche n'avait pas pris sa retraite, je ne sais pas si j'aurais décroché mon bac. Ç'a été une année moins drôle et moins festive, mais au moins, on a travaillé. À la fin de l'année, en 1998, j'ai décroché mon bac, mention juste assez, mais j'ai pu quitter Chartres, la tête haute.

À cette époque, La Ferté-Gaucher était l'une des seules dropzones en France où on pouvait voir des *freeflyers* danser dans le ciel. À la fin de la terminale, j'y suis rapidement retourné. Parmi les pionniers qui y sautaient, il y avait un monsieur qui s'appelait Patrick Bernard que tout le monde appelait Narbé. C'était un ami de Philippe Vallaud, il figurait lui aussi dans le film *Antigravity*. À ce moment, je maîtrisais à peu près la chute assise mais j'étais incapable de rester stable la tête en bas. Un beau jour, j'ai croisé Narbé alors que je montais dans un avion. Je lui ai expliqué que je n'arrivais toujours pas à voler tête en bas et il m'a proposé que l'on saute ensemble pour me montrer. C'était une chance folle ! Il devait faire partie de la poignée de personnes en France qui savaient le faire. Une fois assis dans l'appareil, il m'a expliqué qu'on allait sauter à deux et qu'il me guiderait en tenant mon harnais. Dès la sortie, il a saisi ce dernier et nous a inclinés vers le bas jusqu'à ce qu'on trouve la verticale. J'ai alors senti qu'on accélérait très rapidement. Plus étonnant encore, nous étions stables. Pour la première fois, je levais les yeux vers le haut, et je voyais le sol. C'était extraordinaire. Devant moi, la tête de Narbé était défigurée par les 300 kilomètres à l'heure qu'on atteignait et, derrière lui, l'horizon inversé. Au bout d'une vingtaine de secondes dans cette position, il m'a lâché et je suis instantanément parti en vrille. J'ai perdu tous mes repères et il m'a fallu encore quelques secondes pour pouvoir ouvrir mon parachute en sécurité. C'est dire que la position était difficile à tenir, mais je l'avais fait. Je me suis imprégné des gestes de Narbé pour ne pas les oublier.

C'était une période dorée que je suis heureux d'avoir pu vivre. De nos jours, n'importe qui peut se rendre dans un centre de parachutisme, dire qu'il veut apprendre à faire du *freefly* et trouver des professeurs et des stages. Il doit y en avoir des milliers rien qu'en France. Mais il y a vingt-cinq ans, il n'y en avait pas un seul. Aujourd'hui, il existe aussi un tas de règles qui, certes, renforcent la sécurité, mais qui limitent aussi la créativité. À l'époque, il n'y avait qu'une règle : interdiction de briefer (préparer en amont ce qu'on allait faire pendant le saut). On faisait ce qu'on voulait et j'adorais ça. On apprenait en interrogeant les autres, en partageant ce qu'on avait compris, ou en se refilant des cassettes de sauts. C'était un sport où il fallait faire preuve de patience. Chaque saut comprenait 45 secondes de chute libre. En partant avec le premier avion tôt le matin, en repliant rapidement les parachutes et en sautant avec le dernier, on pouvait espérer faire dix sauts dans la journée. Ça faisait 7 minutes et 30 secondes d'entraînement par jour. C'était peu. Mais qu'importe, il y avait une ambiance de découverte, on était impatients d'y arriver, de pouvoir voler comme on voulait. Tout cela, saupoudré d'une réputation de rebelles de la dropzone. C'étaient des instants où chacun pouvait oublier sa vie « civile » et endosser la casquette de *freeflyer*. Il y avait Narbé, le chef d'entreprise ; Seb, l'avocat ; Pierre, le dentiste ; Arno, le roadie ; Ben, FX, Julien et moi, les étudiants, mais une fois arrivés sur la dropzone, nous n'étions plus que des *freeflyers*. On ne s'habillait pas comme les autres, on n'écoutait pas la même musique, on avait les cheveux longs, on se couchait tard, on fumait des joints, et dans le ciel, on faisait ce qu'on voulait. C'était la belle époque.

J'avais 19 ans, le bac en poche, la vie devant moi et aucune idée de ce que j'allais en faire. Tout ce qui m'importait, c'était continuer le *freefly*. Les soixante-dix sauts que m'avait offerts mon père allaient rapidement être utilisés. J'allais devoir trouver une solution pour sauter plus.

# 3.

Ce n'est qu'après avoir passé mon bac, pendant l'été, que j'ai vraiment commencé à progresser en *freefly*. Narbé et un dénommé Arno Fletcher m'avaient pris sous leurs ailes pour m'instruire. La semaine, Arno était roadie, le week-end, il se rendait sur les dropzones où il était l'un des meilleurs *freeflyers* français. En échange des cours qu'ils me dispensaient, je m'étais engagé à plier leurs parachutes. Sur les dropzones, il existe une sorte d'économie parallèle dont la devise est le pliage de parachutes. Des jeunes gagnent quelques sous en pliant les voiles des autres et, au bout d'un certain nombre de pliages, peuvent s'offrir un saut d'avion. Mon père m'avait appris, plus jeune, à plier une aile principale. Les ailes de secours ne pouvaient être pliées que par les tenants d'un diplôme spécifique. J'ai ainsi passé le mois d'août 1998 à plier, sauter, et profiter de l'été. Juste avant, j'avais passé la dernière semaine de juillet au Boogie de Vichy. « Boogie » désigne un rassemblement de parachutistes, et Vichy, c'était le plus grand des boogies en Europe. En une semaine, presque 10 000 sauts y ont été réalisés. L'année d'avant, je ne m'y étais pas rendu et quand Philippe Vallaud l'avait appris, il m'avait regardé avec ses grands yeux, ses cheveux décoiffés et sa tête tremblante, et avait déclamé : « Vichy, c'est la grand-messe. » Donc en 1998, je devais absolument me rendre à la messe. Ç'a été une semaine incroyable, durant laquelle j'ai pu rencontrer toutes mes idoles de *freefly* américaines qui avaient fait exprès le déplacement. Mon premier saut à Vichy était le jour de mes 19 ans, en compagnie de Charles Bryan, membre des Freefly Clowns. J'étais sur un nuage.

Après cette parenthèse enchantée, le retour à la réalité en septembre m'a semblé pire qu'une gueule de bois. Sans grand enthousiasme, je me suis inscrit à un BTS action commerciale. C'était l'enfer. Chaque matin, je méditais dans le RER sur l'intérêt d'une telle existence. Heureusement, au bout d'un trimestre, voyant mon état se dégrader, mes parents ont accepté que j'arrête les cours, à condition que je m'inscrive dans un autre BTS l'année d'après.

J'étais donc à nouveau libre. Mon intention était de passer la saison de 1999 à plier des parachutes et sauter un maximum. J'aurais pu le faire à La Ferté-Gaucher, mais cette option s'était brutalement envolée fin 1998 lorsqu'on nous avait annoncé que le site allait fermer. À cause du trafic aérien toujours croissant à l'aéroport d'Orly, des limitations avaient été imposées quant à l'altitude à laquelle les avions du centre pouvaient voler et celle-ci était trop basse pour larguer des parachutistes. Le plus grand centre de France allait donc devoir ranger ses avions, replier ses parachutes et déménager ses caravanes. J'étais terriblement triste. C'était comme quitter la maison de son enfance. Cet endroit était le berceau de nombreux souvenirs : les sauts dans les bacs à mousse, les jets de figurines de Philippe, les escapades secrètes dans les avions, les soirées dans la caravane avec mes parents. L'image vue du ciel de la dropzone, de sa piste en herbe et des champs qui l'entouraient était gravée dans ma mémoire. J'avais grandi dans ces hangars.

Heureusement, un petit aérodrome à côté du village de Lapalisse dans l'est de l'Allier se préparait à reprendre le flambeau. Dans les années 1980, c'était un grand centre de parachutisme dans lequel j'avais passé quelques week-ends lorsque j'étais petit avec mes parents. Il avait fermé en 1992 pour servir de parking pour des jets privés, mais les nouveaux propriétaires avaient en tête d'y développer à nouveau l'activité de parachute. Piloté par le directeur Joël Cruciani, le centre est devenu à partir de 1999 le sanctuaire du *skydive* français et même européen. Dès que j'en ai entendu parler, je me suis imaginé devenir le plieur officiel du centre. Par chance, Joël a proposé de m'embaucher pour la saison au tarif d'un saut d'avion tous les quatre pliages. Je me suis donc rendu début avril dans l'Allier et j'ai commencé à plier comme un dératé. Au bout d'un moment, j'arrivais à plier entre 40 et 50 fois par jour. Je travaillais si vite et si bien que Joël a fini par m'autoriser à sauter autant que je voulais tant que les voiles étaient pliées. J'ai pu monter environ 500 fois dans l'avion cette saison-là, rien qu'en pliant.

Un jour, alors que j'étais agenouillé sur une voile dans ma zone de pliage désignée dans le coin d'un des hangars, les suspentes soigneusement étalées derrière moi et un tas de parachutes négligemment dépliés et empilés les uns sur les autres devant moi, un adolescent s'est approché de ma pile. Il avait des cheveux brun foncé et courts, des lunettes et un visage boutonneux. Il a saisi une des ailes, s'est installé à côté de moi et s'est mis à la plier sous mon regard éberlué. Ce gamin était en train de me piquer du boulot ! Je l'ai vertement engueulé. Il a été surpris, ne voulant qu'aider. Il s'est donc relevé, laissant le parachute à moitié replié à ses pieds, et s'est éloigné en murmurant dans sa barbe qui n'existait pas encore que j'étais un gros con. Cet adolescent s'appelait Vincent Reffet. C'était notre première rencontre.

Bizarrement, cette scène n'est pas restée gravée dans ma mémoire. Après son départ, je l'ai totalement oubliée. On ne s'est plus croisés de l'été. Mais Vince s'en souvenait bien, lui, et me l'a racontée longtemps après.

Septembre venu, il était temps de me remettre à mes études. J'avais promis à mes parents que j'allais de nouveau commencer un BTS. J'ai tenu parole, en tout et pour tout une semaine. Dès le premier jour, une immense boule d'angoisse s'est installée dans mon ventre. Je ne me sentais pas à ma place. Cette impression de perdre mon temps surplombait chaque instant lié aux études. Pendant l'été, j'avais rencontré à Lapalisse Julien Franceschi, un *freeflyer* français qui avait quelques années de plus que moi. C'était aussi un excellent plieur qui avait réussi à décrocher le poste de plieur pour l'équipe de France de VR8. Je me souviens d'une discussion, alors que nous étions sur une bâche de pliage, durant laquelle il m'avait raconté qu'une fois la nouvelle année venue, il allait se rendre à Eloy en Arizona, la Mecque du *freefly* et la plus grosse dropzone du monde. Là-bas, il faisait beau 360 jours par an, et le ciel en conséquence ne désemplissait pas de parachutistes. Julien s'y était déjà rendu l'année précédente avec l'équipe de France et il m'a raconté en détail l'ambiance, le soleil, les Américaines, les rednecks, les fast-foods. Il avait rencontré tous ceux qui figuraient dans les vidéos qui m'avaient coupé le souffle.

Je l'enviais, ça avait l'air incroyable. Dans le RER qui m'emmenait au BTS pendant cette première semaine, je ne pensais qu'à lui, à son voyage. À l'inverse, rien de ce qui allait se dérouler les prochains mois dans ma vie ne m'enthousiasmait. C'était le néant.

Mes parents sentaient que j'étais malheureux, mais ils n'y pouvaient rien. Je voulais vivre du parachutisme, plus précisément du *freefly*. Or, il n'y avait pas de BTS *freefly*. À cette époque, à part être coach de *freefly* pour les quelques amateurs, les perspectives professionnelles dans ma passion n'étaient guère alléchantes. La discipline n'était même pas reconnue par la Fédération internationale de l'aviation (FIA). Mais lors de cette première semaine de cours, plus les heures passaient, plus je remettais en question cet avenir. Après réflexion : je préférais la pauvreté, l'instabilité et l'absence de perspectives mais le bonheur de passer mon temps en l'air à un bon salaire et au malheur de voir ma vie défiler sans avoir l'impression de la croquer. Après tout, Philippe Vallaud n'avait pas l'air d'être si malheureux. J'ai donc pris mon courage à deux mains et j'ai fait part de ma décision à mes parents. Ç'a été une conversation désagréable, mais à l'issue de laquelle ils ont compris mon choix. Mon père a conclu en me demandant de lui promettre de ne jamais lui reprocher de ne pas m'avoir poussé à poursuivre mes études. Je ne l'ai jamais fait.

Une fois ma promesse prononcée et la conscience de mon père libérée, j'ai commencé à me pencher sur mon avenir qui était désormais lumineux : aller à Eloy avec Julien. Je devais travailler pour gagner l'argent nécessaire pour payer le billet d'avion. J'ai trouvé un poste dans un hypermarché dont je remplissais les rayons. C'était un travail difficile, mais j'étais motivé. Plus je remplissais les rayons, plus j'étais certain de mon choix. J'y ai passé trois mois, mais l'idée que certains pouvaient rester leur vie le nez fourré dans les rayons de cet hypermarché m'effrayait et me renforçait dans ma certitude de vouloir faire ce que j'aimais. Je voulais passer tout mon temps sur la dropzone, et donc y trouver un travail. C'était mon rêve, et j'allais tout faire pour le réaliser.

Au bout de trois mois, j'avais gagné assez d'argent pour m'acheter un billet d'avion et une caméra, une Sony TRV-8. Le 2 janvier 2000, juste après les fêtes, ma mère m'a emmené à l'aéroport de Roissy où elle m'a confié à Julien. J'avais 20 ans, un parachute, une caméra, 200 dollars et un billet pour l'Arizona dans la poche. Je n'avais aucune idée d'où tout ça me mènerait, mais j'étais serein.

Nous sommes arrivés dans la nuit aux États-Unis. Nous avons expliqué au douanier qu'on allait passer trois mois, la durée d'un visa touristique, en vacances à faire du parachute à Eloy, en omettant sciemment de lui préciser qu'on allait financer ces « vacances » en pliant des centaines de parachutes payés au black.

Une voiture de la dropzone nous a emmenés de l'aéroport jusqu'à la terre promise. Je n'oublierai jamais cette longue route droite, pas éclairée, en plein désert et en pleine nuit. À un moment, nous avons quitté l'asphalte pour poursuivre sur une route en terre au bout de laquelle nous nous sommes retrouvés nez à nez avec un crâne de buffle cloué à un poteau sous lequel il était inscrit en grosses lettres rouges : « *Skydive Arizona, welcome to the sun.* »

Le lendemain, j'ai découvert la dropzone en plein jour. C'était une piste d'atterrissage au beau milieu d'un désert aride et plat, parsemé de quelques cactus. Des *tumbleweeds* roulaient sur le sol, poussées par le vent. Il y avait à côté de la piste quelques hangars dans lesquels on pouvait s'abriter du soleil pour plier. Le seul signe de vie était un carré de gazon arrosé et entretenu sur lequel les parachutistes se posaient. Pendant ces deux mois et demi, mes journées ont ressemblé comme deux gouttes d'eau à celles que j'avais passées à Lapalisse l'été précédent. Je pliais, je sautais, je fumais, je draguais. Mais c'était encore mieux ici parce que nous étions aux États-Unis, où tout était plus cool. J'avais moi aussi perfectionné mon look de *freeflyer*, inspiré par Nirvana et le heavy metal que j'écoutais en boucle. Mes cheveux étaient longs et rarement propres. Mes jeans étaient amples et troués. Les sauts et les pliages cumulés étaient physiquement éprouvants. J'étais mince, malgré mon alimentation particulièrement soucieuse des règles hygiéno-diététiques : des burgers du restaurant de la dropzone, le Bent Prop (l'hélice tordue), à tout-va ! Je dormais dans une caravane installée dans le jardin d'une légende devenue un ami : Omar Alhegelan. C'était le fils d'un diplomate saoudien et l'un des piliers des Freefly Clowns. Sa mère était française et son père avait été longtemps en poste en France, d'où sa maîtrise de la langue. Je l'avais rencontré l'été précédent lorsque les Freefly Clowns étaient venus au boogie de Vichy.

Dans le ciel, j'avais un très bon niveau pour mon âge. Je savais tenir à peu près toutes les positions mais je manquais de maîtrise. Heureusement, Eloy étant un centre international de *freefly*, j'étais entouré de parachutistes confirmés. On s'entraînait à faire des formations à plusieurs puisqu'en sautant avec des personnes plus expérimentées, je pouvais me calibrer par rapport à elles dans le ciel, notamment quand nous étions la tête en bas. De même, c'était le début des vols en dérive. On utilisait nos corps pour essayer de se diriger dans le ciel à travers l'air. Nous étions comme des avions de chasse qui plongent en piqué vers le sol en tentant de se suivre.

J'étais parti à Eloy avec 200 dollars, il ne me restait plus un sou quand j'en suis reparti. Mais j'avais sauté

200 fois et passé la barre des 1 000 sauts cumulés lors d'une escapade avec des amis au Mexique à l'occasion d'un boogie.

De retour en France mi-mars, j'ai immédiatement pris la route pour Lapalisse. Mes parents y avaient désormais posé leur caravane, je m'y suis installé. Grâce à mon séjour hivernal américain, je n'avais pas perdu la patte, autant en termes de pliage que dans l'air. Je pliais plus vite que n'importe qui et j'enchaînais les sauts. Je commençais à avoir un certain niveau en *freefly* quand une grande nouvelle est venue bouleverser mes ambitions pour l'avenir.

Au début du millénaire, la FAI a enfin reconnu le *freefly* comme discipline officielle. Cette annonce impliquait l'organisation de compétitions et de championnats du monde. Pour nous, en France, cela signifiait qu'il fallait sélectionner une équipe nationale. Nous avons la chance d'avoir une culture parachutiste importante et une fédération sportive à son image. Ses budgets étaient désormais débloqués pour financer les entraînements de la première équipe de France de *freefly*. Tout cela changeait la donne, j'avais désormais un objectif : entrer dans la sélection nationale. Pourtant, à l'époque, je n'en parlais pas publiquement. Seulement, tard le soir, avant de m'endormir, il arrivait que je me laisse aller à des rêves de compétition. Bizarrement, lors de ces rêves, je ne me voyais pas en haut du podium, vêtu d'un survêtement tricolore et bercé par *La Marseillaise* pendant qu'un drapeau était hissé. De nature, je n'ai jamais été très compétitif. Je n'étais pas du tout motivé par l'idée d'être le meilleur et de battre les autres. Je ne voulais que m'améliorer en *freefly* parce que j'adorais ça. J'étais obsédé par l'idée d'entrer en équipe de France parce que je savais que la fédération payait des centaines de sauts d'entraînement chaque année. Imaginez, ceux qui figureraient dans la sélection passeraient l'année à sauter gratuitement. C'est de ça que je rêvais.

Le format des compétitions *freefly* adopté par la FAI était inspiré de ce qui se faisait déjà lors de certains événements amateurs aux États-Unis. Chaque équipe était composée de trois membres. Deux étaient des *performers* et réalisaient des figures devant la caméra tenue par le troisième coéquipier. Les juges, qui ne sautaient pas avec les équipes, attribuaient des notes à partir de la vidéo tournée dans le ciel. Chaque compétition était divisée en plusieurs manches : deux imposées, où il fallait répéter un enchaînement de figures présélectionnées par le jury autant de fois que possible pendant 45 secondes, et trois manches libres où l'on pouvait réaliser sa propre routine imaginée et travaillée à l'avance.

La FAI avait annoncé en début d'année que la première coupe du monde se tiendrait en novembre 2000 à Eloy. En amont, la Fédération française de parachutisme (FFP) a annoncé que la sélection de la première équipe de France de *freefly* se ferait au cours de deux coupes de France et d'un championnat de France. La première coupe se tiendrait à Bergerac début mai et elle serait mémorable.

À Lapalisse, pendant l'été, j'ai rencontré Tatiana, une petite blonde qui venait de Guadeloupe qui faisait elle aussi du *freefly*. On rigolait beaucoup ensemble et on passait tout notre temps à sauter à deux. On a fini par sortir ensemble quelques mois. En avril, un mois avant la première coupe de France, nous avons décidé d'y participer. Omar, qui était en France, a accepté de faire équipe avec nous en qualité de caméraman. On a halluciné à l'idée de rejoindre une légende du *freefly* comme lui ! Qui plus est, Joël Cruciani, le manager de la dropzone, a accepté de nous sponsoriser pour les trois compétitions organisées par la fédération et de nous payer des sauts d'entraînement. C'était ma première équipe de *freefly* et elle s'appelait Lapalisse Freeflight.

Mais il restait peu de temps avant la compétition. Pas assez en tout cas pour s'entraîner correctement. En plus, un autre problème a surgi : puisque c'était une compétition organisée par la fédération nationale qui dépendait du ministère des Sports, on a appris que des contrôles antidopage pourraient avoir lieu. À cette époque, on fumait tous des joints. Tout comme chez les surfeurs ou les skateboardeurs, ça faisait partie de la culture. On savait qu'il était possible de détecter la présence de marijuana plusieurs semaines après sa consommation. Il ne nous a pas fallu longtemps pour calculer qu'il ne restait plus assez de temps avant la compétition pour que les traces disparaissent entièrement de nos corps. Nous devions donc croiser les doigts pour que le contrôle ne tombe pas sur nous. Ensuite, avec une logique imparable, nous avons conclu que puisque, de toute façon, on serait positifs si jamais on était contrôlés, il ne servait à rien d'arrêter.

Ainsi, nous nous sommes rendus en mai à Bergerac pour la première coupe de France de *freefly* de tous les temps. Nous étions très détendus, pas seulement à cause de la fumette, surtout parce qu'on n'avait pas trop la pression. On savait qu'on n'allait pas remporter la coupe. Il était assez évident que celle-ci reviendrait à une équipe de renommée : Babylon, fondée quelques années auparavant par un *freeflyer* du nom de Stéphane Fardel et installée sur la dropzone d'Empuriabrava en Espagne. Composée de Stéphane Fardel derrière la caméra et Loïc Jean-Albert et Nicolas Arnaud en *performers*, elle était l'équipe officielle de la première école européenne de *freefly*. Tout le monde savait qu'ils étaient les meilleurs et s'entraînaient depuis des mois. Je les avais déjà tous rencontrés, c'étaient des potes. À l'inverse, chez Lapalisse Freeflight, nous étions si peu entraînés que nous n'avions même pas de routine pour les sauts libres. Durant la compétition, on a improvisé et modifié nos chorégraphies en fonction des notes des juges, ce qui a plutôt bien marché puisqu'on a décroché la deuxième place après Babylon. On était très fiers.

À l'issue des sauts, les organisateurs ont réuni tous les compétiteurs pour annoncer qu'on allait procéder au contrôle antidopage et que les heureux élus allaient devoir fournir un prélèvement d'urine. Non seulement Omar, Tatiana et moi n'avions pas arrêté de fumer avant la compétition, mais on avait même continué pendant. Nos yeux étaient rouges en permanence, on les noyait régulièrement de Visine, des gouttes anti-rougeur dont nous avions rapporté un stock important des États-Unis.

Une fois le médicament appliqué, il fallait attendre 60 secondes pour que nos sclérotiques retrouvent leur blanc naturel. Ce traitement de choc, ainsi que les chewing-gums qui masquaient l'haleine, nous permettait de faire à peu près bonne figure pendant la compétition. Lorsque les organisateurs ont annoncé les contrôles, on a croisé très fort les doigts jusqu'à ce qu'on entende le nom du seul et unique *freeflyer* qui allait être contrôlé : Fred Fugen.

J'ai failli m'évanouir. J'allais rater le contrôle et donc perdre notre deuxième place. En plus, ma réputation et celle de mes parents seraient mises à mal. Alors que la première compétition officielle de *freefly* était organisée et qu'une perspective professionnelle dans ma discipline s'était enfin manifestée, j'allais tout faire capoter. Je voyais déjà la déception de mes parents, la honte que j'allais ressentir en croisant le président de la fédération. J'étais mortifié.

Très vite, des amis m'ont conseillé de boire énormément d'eau pour diluer l'urine. Je me suis exécuté et j'ai vidé plusieurs bouteilles les unes après les autres. J'ai tellement bu que j'ai fini par être malade dans les toilettes. Alors que je venais de finir de vomir, on m'a appelé : « Monsieur Fugen, c'est le moment. » Dans la tente médicale, un officier de contrôle m'a tendu un petit gobelet et s'est tenu debout devant moi, fixant mon entrejambe afin de contrôler que c'était bien mon urine qui venait remplir le gobelet. J'en garde un souvenir assez particulier.

J'étais le premier *freeflyer* français à subir un contrôle antidopage, j'allais être positif, et pas qu'un peu. Loïc et

Nico de Babylon, qui étaient tous les deux des anciens membres des équipes de France, m'ont convaincu d'aller tout de suite confesser mon péché à l'entraîneur de l'équipe de France, Philippe Schorno, ce que j'ai fait sans attendre. Sa réaction m'a étonné : il m'a rassuré en me disant que ce n'était pas grave, que tout le monde fumait un peu, que je n'avais pas eu de chance. Il restait tout de même l'entraîneur national et mon stress ne s'est dissipé qu'après avoir fumé un bon coup pour me détendre.

J'ai attendu plusieurs semaines les résultats. Sans nouvelles, nous nous sommes rendus au championnat de France à Strasbourg en août comme si de rien n'était.

Comme prévu, Babylon a remporté la médaille d'or et est devenue officiellement la première équipe de France de *freefly*. J'étais heureux de voir mes amis en haut du podium. Et ça me motivait grandement : il fallait que je trouve un moyen de les rejoindre.

À la fin du championnat, alors que nous étions en train de nous préparer pour la fête de clôture, Jean-François Angles, le président de la fédération, est venu me voir et m'a annoncé avec son accent du Sud : « Jeune Fugen, si tu prétends rentrer un jour en équipe de France, il y a des choses qu'il va falloir arrêter… » Il est reparti sans me dire s'il avait obtenu mon résultat. Cela reste un mystère non résolu puisque j'ignore encore aujourd'hui si j'étais positif ou si je m'étais dénoncé tout seul en allant voir l'entraîneur national pour tout avouer.

En parallèle de toutes ces péripéties, j'avais fait la plus belle rencontre de ma vie en mai. Un jour à

Lapalisse, un ami, Cyril Lancry, est venu vers moi avec, à ses côtés, un adolescent tout timide. Il me l'a présenté en m'expliquant que c'était un petit jeune qui venait de passer sa PAC, qui avait du talent, et que ce serait chouette de sauter avec lui. Il avait des lunettes rondes, des cheveux courts foncés et une carrure assez imposante malgré son âge. Je ne l'ai pas reconnu, mais lui, si. C'était Vince, le jeune que j'avais envoyé bouler un an plus tôt alors qu'il voulait m'aider à plier les ailes. J'ai accepté et Cyril et moi l'avons emmené. Dès que nous nous sommes retrouvés en chute libre, j'ai été frappé par sa maîtrise en l'air. Il était déjà en train de faire un peu de chute assise alors qu'il n'avait même pas vingt sauts au compteur ! J'ai tout de suite senti qu'il avait un don. Il était à l'aise, domptant naturellement le vent. Rapidement, il a intégré notre groupe d'amis. J'avais 20 ans, mes amis en avaient dix de plus et Vince en avait 15. C'était notre mascotte. Il était drôle, un peu tête en l'air et en même temps très déterminé. Un jour, il m'a proposé de m'aider à plier des parachutes. Devenu moins bête avec le temps, j'ai accepté volontiers et nous avons commencé à le faire ensemble.

C'est dans ce hangar perdu au milieu des champs dans l'Allier, devant ces piles d'ailes, que j'ai rencontré l'ami de ma vie.

# 4.

Mon enfance et celle de Vince ont été très similaires. Vince est né à Creil le 15 septembre 1984 et a grandi avec ses parents et son frère aîné, Benjamin, dans le village de Pontpoint, dans l'Oise. Chez les Reffet, la chute libre était aussi une histoire de famille. Le père, Philippe, et Benjamin étaient tous les deux mordus. Tout comme mon père, Philippe travaillait dans le parachutisme. Après une carrière de professeur d'EPS, il s'était investi à plein temps dans sa passion en fondant son entreprise de réparation de parachutes dont l'atelier était installé dans le garage de la maison. Une moquette recouvrait le sol pour ne pas abîmer les ailes et les murs étaient tapissés de photos d'amis en chute libre. Benjamin et Vince, quand ils ne jouaient pas dans la cabane en bois que leur père leur avait construite dans le jardin, se faisaient une joie de l'aider à plier et réparer les parachutes. Ils étaient aussi bricoleurs et doués de leurs mains que lui, surtout Vince.

Vince était un garçon assez timide à l'école, moins dissipé que moi, mais dont les notes étaient tout aussi mauvaises. Il faisait partie de ces enfants qui ne se retrouvent pas dans les méthodes de l'Éducation nationale. Il avait besoin de pratique. Résoudre des problèmes mathématiques pour le plaisir d'obtenir la bonne réponse ne l'intéressait pas. En revanche, si les calculs servaient à construire une chaise, une table ou quoi que ce soit d'autre, alors il s'appliquait. C'était un hyperactif qui tentait tant bien que mal de se dépenser grâce au sport. Son premier amour, le judo, lui avait permis de canaliser cette énergie débordante et il avait obtenu rapidement sa ceinture noire, développant sur les tatamis une carrure musclée et athlétique qu'il a gardée toute sa vie.

Benji, son grand frère, s'était mis plus tôt que lui à la chute libre. C'était un adepte du VR, et il avait même décroché une place en équipe de France espoirs. Je le connaissais déjà lorsque j'ai rencontré Vince. Nous n'étions pas très proches, mais on s'entendait bien et il nous arrivait de passer des bons moments ensemble à Lapalisse ou à La Ferté-Gaucher. À l'inverse de Benji, Vince n'était pas du tout attiré par la passion de son père malgré une enfance passée sur les dropzones, notamment celle de Péronne où son père a été un temps directeur technique. Comme moi, ils passaient les week-ends et les vacances dans les centres de parachutisme. Vince avait appris à faire du vélo et du roller sur une piste d'atterrissage sans pour autant s'intéresser à ce qui se passait au-dessus de sa tête. Il ressemblait à sa mère, qui, par peur, n'avait jamais sauté.

En mai 1999, alors qu'il avait 14 ans, son père lui a proposé de faire son baptême de l'air en tandem.

Vince a accepté, sans grand enthousiasme. Tous les autres enfants de la dropzone avaient déjà vécu cette expérience. Il m'a toujours raconté que son père ne lui avait pas du tout mis la pression, à l'inverse des jeunes de son âge. C'était bizarre de ne pas vouloir sauter. Le jour venu, Vince a enfilé une combinaison blanc et noir et des lunettes aux verres teintés et est monté dans l'avion avec son père. Le saut s'est très bien passé et à l'atterrissage, il était même souriant. Mais il n'a pas manifesté une envie pressante d'y retourner. Il m'a dit, des années après, qu'il en gardait un horrible souvenir. Il avait eu très peur dans l'air et n'avait ressenti aucun plaisir. Dès que ses pieds avaient touché le sol, il avait voulu se débarrasser aussi vite que possible de sa combinaison pour retrouver le coton rassurant de son kimono.

Pourtant, un an plus tard, à 15 ans, il avait atteint l'âge minimum pour la PAC. Normalement, c'est un diplôme qu'on passe avec plaisir, dès qu'on en a l'occasion. Vince s'y est décidé pour faire plaisir aux autres. Il était pétrifié, assis dans l'avion avant son premier saut seul. Le traumatisme de son baptême ne s'était toujours pas évaporé. Mais Vince était courageux, il l'a toujours été. Il s'est donc repris, et une fois la porte ouverte et le top départ donné, il s'est projeté en dehors de l'avion.

Dès qu'il s'est lancé, il a eu un déclic. Contrairement au tandem, il pouvait ressentir pleinement la pression de l'air. Il a tout de suite compris l'effet de certains appuis sur la trajectoire de son corps. Il avait un talent inné pour la chute libre et je suis sûr que dès ces premières secondes hors de l'avion, il a pris conscience que le ciel pouvait être son terrain de jeu. Il savait qu'avec un peu d'entraînement, il pourrait y faire tout ce qu'il voulait, tout ce dont il rêvait. Ce qui l'effrayait tant un an auparavant lui procurait désormais le plus grand des plaisirs.

À l'atterrissage, ses parents et son frère l'attendaient. Sa mère espérait secrètement qu'il serait dégoûté et qu'il ne voudrait plus recommencer. Au moins un de ses garçons ne se donnerait pas corps et âme à cette pratique qu'elle ne comprenait pas et qui ne lui inspirait pas confiance. Mais dès qu'elle a vu Vince s'approcher, elle a été déçue. Elle a compris en voyant sur le visage de son fils cadet un sourire rayonnant et contagieux qu'il était mordu.

Quelques semaines plus tard, Vince et moi avons partagé notre premier saut, avec mes amis à Lapalisse, avant de poursuivre notre amitié sur le tapis de la salle de pliage dans le hangar. Dès ses premiers sauts, Vince avait manifesté un intérêt pour le *freefly* plus que pour le VR, peut-être parce qu'il ne voulait pas imiter son frère. Nous nous étions rencontrés un week-end de mai, l'année scolaire n'était pas encore terminée, alors Vince a dû repartir à Paris. À partir de ce moment-là, il voulait tellement sauter qu'il se levait tôt presque tous les samedis matin pour prendre le train depuis Paris jusqu'à Saint-Germain-des-Fossés, la gare la plus proche de Lapalisse. Mes amis plus âgés et moi, on l'attendait dans une voiture pour l'emmener sur la dropzone où on passait le week-end à sauter, plier et faire la fête. Vince pliait incroyablement bien et vite pour son âge. Son père lui avait appris la technique lorsqu'il était jeune dans son atelier. Il pouvait ainsi s'offrir de nombreux sauts qui lui ont permis de progresser à une vitesse fulgurante.

Il avait cinq ans de moins que moi et était encore au collège alors que j'étais bachelier depuis deux ans, mais on ne remarquait pas la différence, en partie parce que nous étions tous les deux les plus jeunes du groupe, mais aussi parce que ma maturité et mes vannes correspondaient plus à celles d'un ado de 15 ans que d'un adulte de 20. Pour ce qui est de l'humour, ça n'a pas beaucoup évolué.

Mon été 2000 a été marqué par la découverte du *base-jump*, un sport qui consiste à sauter depuis des structures fixes avec des parachutes. BASE est un acronyme anglophone constitué du nom des quatre structures desquelles il faut sauter pour être un *base-jumper* : *building* (bâtiment), *antenna* (antenne), *span* (ponts à suspension), *earth* (la terre, des falaises principalement). En 1965, Erich Felbermayer, un dentiste autrichien, a réussi le premier *base-jump* de l'histoire depuis le haut d'une falaise dans les Dolomites. Quelques années plus tard, en 1978, Carl Boenish, un *skydiver* américain, s'est élancé d'El Capitan, une falaise réputée dans le parc national du Yosemite en Californie, avec une surface rocheuse verticale de 900 mètres. C'est lui et sa femme, Jean, qui ont imaginé le nom de cette discipline.

J'en avais bien sûr entendu parler. Ça m'attirait, mais ce n'était en aucun cas une obsession. J'attendais qu'une occasion se présente pour tenter l'aventure sans que cela figure en tête de ma liste de choses à faire. Lorsque j'ai commencé à passer du temps sur les dropzones, personne ne pratiquait le *base*. C'était encore plus une niche que le *freefly*, c'est dire. En France, le premier *base-jump* à partir d'une falaise n'avait été réalisé qu'en 1989 par Erich Baud qui, en plus d'avoir le même prénom que Felbermayer, avait le même métier. Tous deux étaient dentistes dans le civil. J'ai rencontré Erich lorsque j'étais jeune parachutiste sur la dropzone de Laon où il se trouvait être l'un de mes moniteurs. En 2000, la communauté du *base-jump* était toujours réduite à la portion congrue.

À Lapalisse, ce jour-là, le ciel était anormalement vide. Le moteur de l'avion faisait grève et ne voulait pas démarrer. Profitant de l'après-midi qui s'était libéré, Marco, un ami moniteur de PAC, a annoncé qu'il allait « sauter du pont » et m'a demandé si je voulais l'accompagner au viaduc des Fades, un ancien viaduc ferroviaire qui s'élevait à 133 mètres au-dessus de la Sioule. C'était le plus haut pont du monde lors de son inauguration en 1909. Mais presque cent ans plus tard, c'était surtout un excellent spot de base.

Certains consacrent des mois à la préparation en amont de leur premier saut de *base*, tandis que moi, j'allais le faire sur un coup de tête, uniquement parce que mon pote Marco voulait s'y essayer et qu'il avait un piège de *base* (terme désignant l'équipement complet nécessaire pour ne pas s'écraser sur le sol). Arno, qui était également sur la dropzone, s'est joint à nous pour parcourir les 100 kilomètres qui nous séparaient du spot.

Lorsque nous sommes arrivés à proximité, nous avons garé la voiture pour nous rendre à pied sur le pont. Il était inutilisé, les anciens rails de chemin de fer étaient rouillés et des petites plantes tentaient de les recouvrir. Une fois au milieu, Marco nous a expliqué brièvement ce qu'il fallait faire. Tout d'abord, on devait sauter avec le chiffon (l'extracteur de parachute) dans la main, car le saut était trop court pour nous permettre de l'attraper dans son dos. Au bout des deux secondes de chute, il fallait lancer le chiffon afin que la voile se gonfle. Il nous a aussi expliqué que lors du saut, nous devrions bien regarder l'horizon et résister à l'envie de fixer le sol pour éviter que le corps bascule vers l'avant et qu'à l'ouverture, le parachute se prenne dans nos pieds. Il nous a indiqué le point d'atterrissage : une petite plage de galets minuscule sur les bords de la Sioule, nous a donné les parachutes et a sorti une caméra pour nous filmer.

Une fois les pièges enfilés, je me suis penché avec Arno au-dessus de la barrière. Mon Dieu que c'était bas ! Pourtant, les 133 mètres jusqu'au sol paraissaient peu quand on était habitué à sauter d'un avion à 4 000 mètres. C'est à cet instant que j'ai ressenti ce que me décrivaient depuis des années les gens lorsqu'ils faisaient des tandems en parachute. Ils racontaient toujours qu'ils avaient la boule au ventre, des sueurs froides, une envie de faire demi-tour. Ils avaient peur. Debout sur le bord du pont, m'imaginer escalader la barrière et sauter a déclenché une angoisse que je n'avais encore jamais vécue. J'ai regardé Arno et, moi qui avais l'habitude de faire le fier, cette fois, je n'ai pas hésité à lui dire que je n'irais pas en premier, en partie parce qu'il avait plus d'expérience que moi, mais aussi avec l'espoir qu'il se dégonfle et qu'on fasse demi-tour. Manque de pot, il a hoché la tête, enjambé la barrière en tenant son extracteur, a regardé le sol, moi, puis l'horizon, et a annoncé, sans tambours ni trompettes : « 3, 2, 1, *base* ! »

Arno avait les cheveux longs et blonds, comme un surfeur, et j'ai vu l'accélération grâce à ceux-ci. Ils se sont mis à voler derrière sa tête. On aurait dit qu'ils essayaient désespérément de rester accrochés sur son crâne. Pendant deux secondes, Arno est tombé avant de lâcher son extracteur. La position de son corps était idéale, le parachute s'est ouvert sans problème, il a saisi les commandes et est allé se poser délicatement sur la plage. C'était son premier saut de *base* et il était parfait.

Depuis le viaduc, j'ai ressenti une immense montée de stress. J'étais comme un con en haut de ce pont, les mains moites, et maintenant qu'Arno y était allé, je me sentais obligé de sauter aussi. En tremblant, j'ai donc enjambé la barrière en me remémorant ce que Marco nous avait expliqué. J'ai visualisé le saut parfait d'Arno et j'ai sauté.

Dès que mes pieds ont quitté le pont, et bien que Marco m'ait dit de ne surtout pas regarder le sol, j'ai fait exactement le contraire. J'étais obnubilé par la rivière qui, comme il est courant de dire dans le *base*, « me montait à la gueule ». Sauf qu'alors que je regardais le sol, mon corps a commencé à pencher vers l'avant. C'était comme quand on est à vélo et qu'on fixe l'arbre qu'on veut éviter mais dans lequel on finit par s'encastrer. J'étais donc presque à la verticale avec ma tête vers le bas et mes jambes en l'air, vivant une expérience d'une intensité qui m'était inconnue. Ma vision est devenue tunnel, les arbres et la forêt qui m'entouraient étaient flous, seule la partie de la Sioule vers laquelle je me dirigeais restait nette. Pour la première fois, j'ai réellement eu l'impression de sauter dans le vide. C'était étrangement silencieux, pas de bruit d'avion, d'alarme, de gens qui hurlent. J'avais presque l'impression d'être en apesanteur. Cependant, je n'ai pas du tout ressenti cette tranquillité à l'intérieur. Je me noyais dans l'adrénaline. Progressivement, le silence a été perturbé par le vent qui défilait de plus en plus rapidement au fur et à mesure que je tombais. À ce moment-là, le temps était comme déformé. Les secondes paraissaient plus lentes, j'avais l'impression de vivre au ralenti.

Au bout des deux secondes, j'ai lâché mon extracteur, mais à cause de ma position ratée, lorsque le parachute s'est déployé, j'ai ressenti un fouettement sur mon talon. Je n'ai compris qu'après le saut que c'était la voile qui se dépliait, et que j'avais échappé de justesse à la catastrophe. Heureusement, le parachute s'est gonflé normalement et, toujours à cause de ma position, j'ai été balancé violemment vers l'avant tout en tentant de saisir les commandes avant que je ne heurte la Sioule qui était vraiment très proche.

Finalement, j'ai réussi tant bien que mal à me poser sur la plage à côté d'Arno. Mes pupilles étaient dilatées, je transpirais, j'étais essoufflé, incapable de prononcer un mot. J'étais dans un état second, paralysé par l'adrénaline et la peur. Un mélange de sensations qui m'était étrangement agréable. J'avais adoré.

J'ai passé le reste de l'été à accompagner Marco à chacune de ses virées au viaduc des Fades. J'avais retenu les leçons de mon premier saut et je m'améliorais à chaque fois. Vince nous accompagnait souvent, sans jamais sauter. On était peut-être un peu fous, mais pas au point de laisser quelqu'un qui n'avait qu'une poignée de sauts d'avion dans la poche sauter d'un pont.

À la fin de l'été, la saison terminée, on s'est dit au revoir, Vince et moi, en se promettant de se revoir bientôt. Il est retourné à l'école et je me suis préparé pour ma prochaine aventure. Je voulais absolument assister aux championnats du monde à Eloy en novembre et j'avais mis juste assez d'argent de côté pour me payer le voyage. Je voulais être présent pour ce moment historique du *freefly* et y soutenir mes amis de l'équipe Babylon. S'ils étaient les grands favoris lors des championnats de France, c'étaient définitivement les outsiders à Eloy. Toutes les équipes du monde étaient présentes, dont notamment nos hôtes américains. Il n'y avait que les stars qui m'avaient inspiré plus jeune : les Freefly Clowns emmenés par Olav Zipser, les Flyboyz et Omar qui avait reconstitué une équipe, Arizona Freeflight. C'était un ballet de légendes, et j'étais heureux de pouvoir y assister. Nico, Loïc et Stéphane de Babylon étaient aussi heureux d'y participer, sans pour autant s'imaginer remporter la compétition. Pourtant, c'est ce qu'il s'est passé.

Personne n'avait vu venir les petits *Frenchies*. Il était inconcevable qu'ils remportent la première coupe du monde de *freefly*, à Eloy ! Ils ont battu ceux qui avaient inventé la discipline sur le centre de para où ils l'avaient inventée ! Je me souviendrai toute ma vie du podium en haut duquel se tenaient mes potes, vêtus des zizous – les survêtements officiels de l'équipe de France de para, qui étaient les mêmes que ceux de l'équipe de France de foot, et donc de Zinédine Zidane –, regardant le drapeau français que l'on hissait. Tout ça avec *La Marseillaise* en fond chantée à tue-tête par cinq Français, dont trois étaient sur le podium devant des Américains sonnés. C'est l'un de mes meilleurs souvenirs de compétition, et je n'avais même pas sauté.

J'avais prévu ensuite de me rendre à Perris Valley, un immense centre de parachutisme très réputé en Californie. L'équipe de France de VR y allait pour une session d'entraînement et j'avais réussi à me faire embaucher comme plieur officiel de l'équipe. Vince aussi, grâce à Benjamin, son grand frère en espoirs, venait pour plier, la fédération lui avait même payé son billet d'avion.

Il faut compter huit heures de route pour se rendre d'Eloy à Perris Valley. Avant la coupe du monde, Mike Ortiz, un grand *freeflyer* américain qui faisait partie de l'équipe de Flyboyz et qui vivait à côté de Perris Valley, m'avait proposé de monter dans sa voiture pour l'accompagner durant le voyage. Si l'idée paraissait bonne au départ, elle l'était moins après la compétition, quand les Flyboyz ont terminé à la quatrième place, au pied du podium, écrasés par les Français.

Dans la voiture vers Perris Valley, c'était très silencieux et j'ai passé le trajet à regretter un peu d'avoir chanté aussi fort *La Marseillaise* la veille.

Arrivé à Perris Valley, le deuxième plus gros centre de parachutisme des États-Unis à cette époque, j'ai rapidement retrouvé Vince et l'équipe de France de VR et l'entraînement a commencé. Le rythme était intense.

Au bout de dix jours, on avait plié 1 200 parachutes à deux. On réussissait à se libérer régulièrement pour aller sauter. Au début, on ne savait pas si Vince allait pouvoir venir. Il n'avait que 16 ans et, aux États-Unis, l'âge limite pour sauter était de 21 ans. Heureusement, avec un certain panache franchouillard, on a réussi à prétendre qu'en France, Vince avait l'âge légal et que, n'étant pas américain, les règles ne s'appliquaient pas à lui. C'est passé, en partie je pense parce que la dropzone entière voulait sauter avec lui. Ils n'avaient jamais vu d'adolescent voler et Vince était drôle. Nous avons fêté Noël là-bas avant de rentrer en France.

Début avril, je suis retourné à Lapalisse. J'avais réussi, au cours de l'année 2000, à faire 1 000 sauts, le tout entièrement payé par mes pliages. Encore aujourd'hui, je n'ai jamais rencontré quelqu'un qui ait autant sauté uniquement en pliant, et j'en suis très fier. Durant cette année, mon niveau s'était tellement amélioré que j'avais commencé à donner des cours particuliers de *freefly*. En mai 2001, alors que j'étais à Lapalisse, toujours en train de plier, j'ai reçu un appel téléphonique. J'ai reconnu, au bout du fil, la voix de Stéphane Fardel, le fondateur de Babylon. Il m'a proposé de venir travailler pour lui à Empuriabrava, en Espagne, pendant l'été. C'était une immense opportunité pour moi, passer de plieur à moniteur chez Babylon étant le Graal pour un *freeflyer*. Je ne pouvais pas refuser, ce que Joël de Lapalisse a bien sûr compris, même si nous étions tristes de nous séparer.

Plier m'avait permis de beaucoup voyager et de progresser. Dès le début, j'avais préféré rester au sol et plier plutôt qu'exercer d'autres métiers sur les dropzones. J'aurais pu, par exemple, sauter avec une caméra pour filmer les tandems contre quelques sous. Le temps que je passais dans l'air était trop précieux, je ne voulais pas le pervertir par autre chose que du *freefly*. Je pense que c'est ce qui m'a permis de progresser aussi vite.

Je suis arrivé à Empuriabrava fin juin. Située au nord de la baie des Roses, à 120 kilomètres de Barcelone, cette station balnéaire espagnole est entièrement dessinée autour d'une immense marina. Il y fait beau à longueur d'année et à 100 mètres du dernier canal, un aérodrome héberge le plus grand centre de parachutisme d'Europe. C'est là que l'école Babylon s'était installée. Dès mon arrivée, je m'y suis senti bien. L'atmosphère y était spéciale. Comme sur toutes les dropzones, il y avait un air de vacances. Néanmoins, la proximité de la mer et son ambiance estivale rendaient l'endroit particulièrement plaisant. J'ai passé l'été à donner des cours. Je faisais entre 150 et 200 sauts par mois. Le rythme était éprouvant. À cette époque, le *freefly* avait le vent en poupe et il y avait un flux constant de nouveaux arrivants.

Je n'ai pas vu les deux mois passer. Août touchait à sa fin et ma saison avec Babylon aussi. Toutefois, je n'ai pas eu le temps d'être triste, car j'ai appris au détour d'une discussion avec mon ami Nico Arnaud que son coéquipier, Loïc Jean-Albert, avait décidé d'arrêter la compétition à la fin de la saison. Après quatre ans de VR et deux de *freefly*, il n'en pouvait plus du rythme des entraînements, des compétitions et de toutes les contraintes qui allaient avec. Il voulait se tourner vers de nouveaux horizons, de nouvelles disciplines et des projets qui, des années plus tard, allaient m'inspirer. Pour Babylon, qui était aussi l'équipe de France de *freefly*, son départ posait un problème : il manquait un coéquipier et l'équipe a pensé à moi. Nico m'a suggéré de la rejoindre en tant que co-*performer* avec Stéphane pendant que lui passerait derrière la caméra. Je suis tombé des nues.

J'allais intégrer la meilleure équipe de *freefly* du monde ainsi que la sélection nationale. Je vivais l'aboutissement d'un de mes rêves. J'allais pouvoir voyager pour les compétitions et, mieux encore : m'entraîner. J'étais fier de l'annoncer à mes parents. Ils m'avaient fait confiance lorsque j'avais arrêté mes études, mais malgré tout, ils s'inquiétaient pour mon avenir. Entrer en équipe de France n'allait pas tout résoudre, ma situation serait toujours aussi précaire, mais il y avait une certaine aura à avoir un fils en équipe de France.

Malheureusement, cette année qui avait été si incroyable allait se terminer par un drame. Fin octobre, la dropzone d'Annemasse, qui avait fermé pour l'hiver, organisait dix jours de saut à Empuriabrava où la saison avait encore cours. Un avion rempli d'adeptes est venu directement de la dropzone jusqu'en Espagne. Parmi eux, il y avait un jeune homme aux cheveux bruns et bouclés et aux yeux foncés, Julien Branet. C'était aussi un enfant de La Ferté-Gaucher. Il avait deux ans de plus que moi et on se connaissait depuis très longtemps, sans avoir jamais été particulièrement proches. Mais tout au long de cette semaine, on a vraiment appris à se connaître.

C'était quelqu'un de très drôle, il était joyeux. Sa mère avait fait du freestyle et il l'avait suivie. Pour autant, il avait un très bon niveau en *freefly*, il était le meilleur du groupe. Je savais que j'allais bientôt entrer dans l'équipe de Babylon, et j'attendais avec impatience le nouveau matériel que j'allais recevoir. Dans mon placard, il me restait un pantalon de *freefly* que j'ai offert à Julien car il n'en avait pas. Il était tout blanc avec une bande jaune et orange sur le côté, qui imitait des flammes.

Le lendemain, c'était la dernière journée du voyage et une poignée de parachutistes d'Annemasse se sont motivés pour aller monter une dernière fois dans l'avion. Ils ont sauté à sept et ont passé le vol à s'amuser ensemble dans le ciel. Le sol s'approchant, ils ont fait une séparation, c'est-à-dire que les parachutistes s'éloignent les uns des autres avant de tirer leurs extracteurs. D'habitude, quand on saute en groupe, il faut regarder au-dessus de soi avant d'ouvrir son parachute pour s'assurer que personne ne pourrait venir s'emmêler dedans. L'un des membres du groupe, celui qui avait le moins d'expérience, a oublié de le faire. Il a tiré alors que Julien se trouvait juste au-dessus de lui. Sa tête a tapé le genou de l'autre parachutiste à 180 kilomètres à l'heure. Julien a perdu connaissance. Il n'avait pas allumé son Cypres, le système d'ouverture automatique de secours. Il a fini sa chute au milieu d'un canal dans la marina. Il avait 24 ans et il portait mon pantalon.

C'était la première fois que je perdais un ami. Je me rappelle lorsque sa famille et sa copine sont arrivées le lendemain. C'était horrible. Pour gérer mes émotions, j'ai fait comme mon père : j'ai analysé l'accident et tenté de comprendre ce qu'il s'était passé. Je n'étais pas le seul, et cet événement a changé le rapport qu'on pouvait avoir avec le *freefly*. Ce qui nous attirait autant, à savoir la liberté, l'improvisation, le manque de préparation, était ce qui avait tué Julien. Le mec qui n'avait pas regardé au-dessus de lui n'y était pour rien, ils n'auraient jamais dû sauter tous les sept avec de telles différences de niveau. Le pire, c'est que ça aurait pu m'arriver. J'avais vécu des sauts lors desquels moi aussi, j'avais percuté un ami et lors desquels, avec un peu moins de chance, les conséquences auraient pu être tout aussi graves. La mort de Julien a remis les pendules à l'heure. Le sport devenait de plus en plus populaire et l'ère de la découverte aveugle, de l'absence de surveillance, devait s'achever définitivement pour la sécurité de tous. Quelques jours après l'accident, les patrons de la dropzone sont venus voir Stéphane, le directeur de l'école de *freefly*. Ils lui ont expliqué que ça ne pouvait plus continuer ainsi, qu'il allait falloir mettre au point des brevets et des mesures pour empêcher que ce genre d'accident se reproduise.

Le *freefly* changeait, et mon rapport à lui également. J'étais désormais en équipe de France et j'allais devoir prouver que j'y avais ma place.

# 5.

Quelques mois avant de recevoir l'appel de Stéphane, alors que j'étais à Perris Valley, en Californie avec Vince en train de plier pour l'équipe de France de VR8, je réfléchissais à ce que j'allais faire en cette nouvelle année 2001. En janvier, les trois mois de mon visa touchaient à leur fin. J'ai décidé de rentrer en France et d'aller passer quelques semaines à la montagne chez mon ami Franky.

J'avais rencontré Frank Coupat quelques années plus tôt quand j'avais 17 ans et lui 26. Durant l'été 1996, juste après ma PAC, je me suis rendu avec mon père en Haute-Savoie pour faire du parapente. Frank était moniteur dans l'école de l'ami de mon père, et nous avons très rapidement sympathisé. Il m'a presque tout appris en parapente. À partir de 1996, j'ai commencé à aller passer, chaque année, une ou deux semaines chez lui, à Valfréjus dans la vallée de la Maurienne en Savoie, pour quelques semaines de glisse. Je dormais chez lui et pour payer le voyage, le forfait et les locations de ski, je travaillais à la plonge dans le restaurant que tenait sa mère. Au fur et à mesure que les hivers passaient, je progressais.

Au début 2001 donc, je suis allé lui rendre visite. Je voulais faire du ski, mais une autre idée occupait mon esprit depuis quelques mois. L'été précédent, sur une dropzone, j'avais entendu Jean-Pierre Knaff, un parachutiste d'essai, se vanter d'avoir réussi à décoller d'une montagne avec une toute petite aile de parachutisme qui permettait de voler à des vitesses élevées. Il avait couru, comme pour un départ en parapente, et dès que la voile s'était gonflée, il avait décollé et réussi à voler le long de la pente jusqu'à son pied. Il expliquait que grâce à cette aile plus petite, il pouvait aller beaucoup plus vite. Cette anecdote m'était restée dans la tête, ça avait l'air amusant.

En même temps, j'avais vu à plusieurs reprises Franky prendre des clients en tandem parapente l'hiver. Plutôt que de décoller de la montagne à pied, il prenait ses skis et glissait avec avant de décoller avec une grande aile. Je me suis alors demandé s'il n'était pas envisageable de décoller en ski comme Franky, mais avec une petite aile de parachutisme comme l'avait fait Jean-Pierre. Cet hiver-là, je suis allé voir Franky avec Arno Fletcher, l'ami qui m'avait enseigné les bases du *freefly*, et Benjamin Reffet, le grand frère de Vince. Arno était venu avec une aile de parachutisme de 10 mètres carrés et je lui ai demandé s'il pouvait me la prêter.

Je savais faire du parachute, du parapente et du ski. Il devait être possible de mélanger les disciplines, me disais-je. J'ai donc enfilé un harnais de parachutisme, chaussé mes skis et déplié l'aile sur la neige derrière moi sur la piste. J'ai poussé un coup sur mes skis et dès que j'ai commencé à glisser, l'aile derrière moi s'est gonflée et s'est levée. J'ai continué à accélérer et à chaque mètre parcouru, l'aile tirait sur mon harnais. Je me sentais de plus en plus léger, mes skis commençaient à quitter la neige et j'ai décollé. Dès que j'ai quitté le sol, la sensation de vitesse s'est démultipliée. En plus, de par la proximité du sol que je frôlais, j'avais l'impression d'aller encore plus vite. J'ai parcouru toute la longueur de la piste, oscillant entre 10 et 30 mètres d'altitude au-dessus sans jamais y reposer mes skis. C'était incroyable, j'avais l'impression de réaliser un immense *flare*, une figure qu'on fait souvent à l'atterrissage en parachute, qui consiste à prendre de la vitesse juste avant d'atterrir et de redresser l'aile de sorte à frôler aussi longtemps que possible le sol. Sur les dropzones, les *flares* durent quelques dizaines de mètres. Là, j'ai longé la piste en *flare* sur 800 mètres !

Une fois ma course terminée, je suis remonté retrouver les autres et je les ai encouragés à essayer. Arno et Benji y sont allés et ont partagé mon enthousiasme.

Nous avons donc continué à découvrir cette activité quelques semaines tous les hivers et en 2003, des parapentistes ont eu l'idée d'attacher une aile rapide de parachute à un harnais de parapente. Avec un harnais de parachute, nous étions suspendus à la voile par les épaules et la position qui en résultait était très relevée. Avec un harnais de parapente, nous étions attachés par la hanche et assis dans une sellette. C'était plus confortable sur la durée et, pour ce qu'on tentait en mélangeant parachutisme et skis, ce serait plus pratique. Être attaché par les hanches permettait d'augmenter les performances de la voile. Cette époque géniale me faisait penser à celle des débuts du parapente que m'avait racontée mon père. On tentait de comprendre ce qui était réalisable et surtout comment le pratiquer en sécurité. Au bout d'un moment, on s'est dit qu'il fallait trouver un nom à cette discipline. On s'est posés et on a eu quelques idées lorsque Franky a proposé « *speed-riding* ». Comme il avait la plus grande gueule, c'est le nom qui est resté. On a aussi voulu se mettre d'accord sur la date du premier vol et puisqu'on ne se souvenait plus exactement, on a décidé que c'était le 5 février 2001. C'était la date de naissance de Mathilda, la fille de Franky, et c'était dans ces eaux-là qu'on avait réalisé les premières tentatives. Par la suite, le *speed-riding* a grossi. Aujourd'hui, c'est une discipline à part entière avec des écoles, des brevets, un équipement spécialisé et des athlètes sponsorisés.

Valéry Montant faisait partie de ceux qui avaient tenté des expériences similaires avec des petites voiles de parapente. C'était un vrai Haut-Savoyard, il avait la montagne dans le sang. Dans sa famille, on était moniteur de ski de père en fils. Il connaissait les Alpes comme sa poche. Val était le genre d'homme à faire une ascension du mont Blanc en baskets sur un coup de tête. C'était aussi un sacré couillon qui incarnait la joie de vivre et qui avait toujours dans son chargeur une blague nulle qui me pliait en deux. Il était brun, la mâchoire carrée et une carrure petite mais costaude. Il avait commencé le parapente très jeune et avait rapidement rejoint l'équipe de France. Val n'était pas là lorsqu'on expérimentait le *speed-riding*. Il avait de son côté tenté des modifications d'ailes de kitesurf et de parapente pour les rendre plus petites et rapides et skier avec. Mais ce n'était pas comparable aux vitesses qu'on pouvait atteindre avec une aile de parachutisme.

Vers la fin des années 1990, Val a commencé lui aussi à s'intéresser au *base-jump*. Mais avant de se lancer depuis des structures fixes, il s'était formé en parachutisme. Sur la dropzone d'Annemasse, il avait rencontré Claud Remide qui lui avait fait passer sa PAC. Claud était l'un des premiers *base-jumpers* français et, après lui avoir enseigné le parachutisme, il a formé Val au *base-jump*. C'est à l'occasion de ces premiers sauts de falaises avec Claud qu'il a rencontré Loïc Jean-Albert qui allait changer sa vie ainsi que la mienne.

On surnomme Loïc l'Extraterrestre. Ça lui va bien. Physiquement, il est très grand, presque 2 mètres, un regard perçant et une forme de visage qu'on pourrait qualifier d'aérodynamique. Il a un nez parfaitement droit, un menton saillant, et une calvitie depuis que je le connais, qui contribue sans aucun doute à son aérodynamisme. Il est fait pour voler. Mais c'est aussi un cerveau sur pattes : il est extrêmement intelligent, capable de décrocher un brevet de pilote sans efforts particuliers. Très analytique, il calcule toujours tout à la perfection. S'il n'avait pas eu ce grain de folie, il aurait fait un excellent comptable. Heureusement pour lui, pour moi et pour les parachutistes de manière générale, il a un sacré grain de folie. Réunionnais, il a commencé sur son île le parachutisme. Dans sa famille ils sont tous mordus, nos pères ont même sauté ensemble dans les années 1970 ! Très rapidement, il s'est démarqué, débarquant en métropole, à Gap, en 1996, pour rejoindre l'équipe de France de VR8. Il avait 18 ans et a passé les quatre années suivantes à faire principalement du VR, en travaillant sur un autre projet en parallèle.

Un jour, en 1997, alors qu'il était en train de plier son parachute dans un hangar de la dropzone de Gap, un homme est entré. Il tenait sous un bras un parachute et sous l'autre, une sorte de combinaison bizarre ailée. Cet homme s'appelait Patrick de Gayardon, la légende par excellence du parachutisme français et peut-être même mondial. J'ai tendance à beaucoup idolâtrer les gens, surtout les parachutistes, mais il faut me croire, Gayardon était le *Sky God*. Celui que tous surnommaient Deug était l'homme le plus classe du sport. Il parlait bien, il était grand, brun, beau gosse et musclé. Il avait un sacré panache. C'était le premier parachutiste qui avait réussi à vivre du sponsoring. Il avait un contrat avec une marque de montre pour laquelle il tournait des pubs. À la télé, on le voyait souvent dans l'émission *Ushuaïa* que je ne ratais jamais.

Deug avait la cote parce qu'il faisait ce que personne d'autre n'osait. Il avait inventé une sorte de combinaison avec des morceaux de tissu cousus entre les jambes, le corps et les manches. Cette combinaison le faisait ressembler à ces écureuils volants qui peuvent sauter et planer. En ajoutant ce tissu, Gayardon pouvait augmenter sa finesse. Ce concept emprunté à l'aviation désigne la distance parcourue par rapport à l'altitude perdue lorsqu'un objet plane. Un planeur a une finesse extrêmement élevée tandis qu'un humain, pas du tout. Ce que Deug avait inventé s'appelait une *wingsuit* (une combinaison ailée) et avait une finesse suffisante pour réaliser toutes sortes de vols fous.

De retour dans ce hangar à Gap en 1997, Loïc a vu arriver Deug qui s'est installé à côté de lui. Un peu timide, Loïc s'est levé pour saluer la légende et le courant entre eux est passé. Par chance, ils faisaient à peu près la même taille, ce qui a permis à Loïc d'essayer à plusieurs reprises la *wingsuit* de Deug. Mais Loïc est un ingénieur dans l'âme, il veut toujours tout améliorer, et aussi géniale qu'ait été la combinaison de Deug, elle était assez rudimentaire. Rapidement, Loïc a eu sa propre idée pour la modifier afin d'augmenter la finesse. En août 1998, il a pris une grande nappe, l'a étendue par terre dans un hangar, s'est allongé dessus et a dessiné à l'aide d'un feutre le contour de son corps. Ce dessin serait la base de son invention qui allait changer le cours du parachutisme. Il avait eu l'idée de combiner les caissons d'air qui composent une voile de parachutisme avec une combinaison. En se gonflant, les caissons devenaient très rigides, ressemblant alors presque à des ailes d'avion, obtenant donc une meilleure finesse. Loïc s'est dit que s'il intégrait des caissons dans une combinaison monobloc, une fois gonflée, la *wingsuit* volerait mieux. Dans l'idée, c'était construire une aile d'avion dans laquelle on pouvait se glisser. Il parlerait à plusieurs reprises de son idée à Patrick mais il ne pourrait malheureusement jamais la lui faire essayer.

Le 13 avril 1998, alors qu'il était en train de tourner un film à Hawaï, Deug a commis une erreur fatale.

Malgré sa méticulosité extrême et ses 12 000 sauts, il a oublié de bien vérifier son équipement après une modification, et son parachute ne s'est jamais déployé. Il est mort sur le coup.

Ç'a été un choc pour nous tous. Je me souviens que quand mon père me l'a annoncé en rentrant à la maison, je n'y ai pas cru. Il était impossible que Deug soit mort !

Le journal sportif Italien *La Gazzetta del sport* a publié une nécrologie le lendemain de sa mort : « Certains hommes ont permis, avec leurs inventions, de changer notre façon de vivre. D'autres, notre façon de rêver. » En fait, il avait fait les deux. Deug avait non seulement inventé la *wingsuit*, mais il s'était aussi imaginé une vie de rêve, où l'on pouvait vivre de voler, ouvrant la voie pour nous autres qui allions tenter de l'imiter.

Après la mort de Deug, Loïc a poursuivi le développement de son invention en parallèle de sa carrière compétitive. Au tournant du siècle, il a rejoint Nico Arnaud et Stéphane Fardel en *freefly* au sein de l'équipe Babylon. J'avais rencontré Loïc, Nico et Steph en 1998 et avec les années, nous nous étions rapprochés. Ils sont devenus de grands amis. Au bout d'un moment, Loïc en a eu marre de la compétition. Les entraînements, le *freefly* et les compétitions ne l'intéressaient plus autant qu'avant. Il a préféré se consacrer à d'autres activités, notamment la *wingsuit*.

Avant de rejoindre l'équipe Babylon, lorsqu'il était en équipe de France de VR, l'un de ses coéquipiers, Stéphane Zunino, surnommé Zun, s'intéressait aux combinaisons ailées que Loïc dessinait. Dans le parachutisme, la maîtrise d'une machine à coudre est essentielle puisqu'on s'en sert pour réparer les ailes, recoudre les combinaisons ou renforcer les sacs et les harnais. Zun est une pointure de la machine à coudre. Quand il est assis devant, elle devient une extension de lui-même. C'est aussi l'une des personnes les plus maniaques que j'ai rencontrées. Il est capable de recommencer un projet entier si un demi-millimètre de tissu dépasse. Il est né en 1968 et il râle souvent, au point que l'on a créé une expression : Zun grignotte. C'est un ami merveilleux toujours prêt à aider, mais qui est obligé de le faire en râlant.

Comme Loïc, il avait une calvitie à 20 ans et il faisait à peu près la même taille que lui. Très rapidement, Zun a formé une équipe avec Loïc, et donné vie aux inventions de ce dernier.

Loïc a rencontré à peu près au même moment Claud Remide qui est devenu son mentor de *base-jump*. C'était un personnage lui aussi. Pionnier du *base-jump* français, il en a fait sa spécialité. Surnommé le Punk ou le Petit Troll, il a un sacré look. Il n'est pas très grand mais il a une impressionnante touffe sur la tête : des cheveux bruns, pleins de laque et qui partent dans tous les sens. Il est discret, un peu bizarre et pas très souriant. Il est devenu le spécialiste absolu de ce qui était régulièrement décrit comme le sport le plus extrême du monde.

Loïc était donc entouré de ces deux spécialistes, l'un excellait en couture et en construction et maîtrisait la *wingsuit*, l'autre était un pionnier du *base-jump*. Grâce à Claud, Loïc avait aussi rencontré Val Montant qui était l'un des meilleurs parapentistes français. À eux quatre, ils couvraient à peu près toutes les disciplines aériennes en vogue à cette époque. Au même moment, Loïc, qui avait arrêté la compétition, avait aussi décroché un contrat de sponsoring avec la marque de vêtements de sport Salomon qui voulait se rapprocher des sports dits extrêmes et souhaitait financer la réalisation d'images. C'était la combinaison rêvée.

Loïc a donc créé un collectif spécialisé dans le vol et dont les aventures allaient être financées par la marque de sport. Il l'a proposé à ses amis Claud, Zun et Val qui n'ont pas hésité à le rejoindre. Ils se sont baptisés les Soul Flyers (Flyers dans l'âme).

Le nom était inspiré des *soul surfers*, un terme né dans les années 1960 sur la côte californienne. À cette époque, des surfeurs professionnels, vaniteux et obsédés par les compétitions et les prix, polluaient, selon certains, le sport. Pour se différencier de ces surfeurs qui dénaturaient la pratique, certains ont commencé à s'appeler des *soul surfers*. Ils étaient en symbiose avec l'océan et les vagues, et leurs seules motivations pour surfer étaient le plaisir, la joie et la poésie.

Loïc voulait faire pareil, mais avec le parachutisme. Il désirait retrouver des amis et parcourir le globe pour réaliser des sauts ayant pour seul but de s'amuser et de créer de belles images. Les Soul Flyers avaient aussi envie de mélanger les disciplines, ce qui était rarement le cas dans le parachutisme à cette époque. Ils avaient compris qu'en regardant ailleurs, en s'intéressant à ce que faisaient les pratiquants d'autres sports et en analysant leur équipement, il était possible de s'améliorer et de repousser les limites du vol humain, tout simplement.

En 2002, avec le soutien de Salomon, ils sont allés aux quatre coins du monde pour tourner un film qui sortirait l'année suivante, intitulé *Soul Flyers. The Movie.* Ils se sont rendus à La Réunion où ils ont réalisé d'immenses *flares* (vol en rase-mottes sous voile) au-dessus de l'écume des vagues, ils ont fait du *base-jump*, du parapente, du parachute, et Loïc a sauté d'avion avec la *wingsuit* qu'il avait désormais mise au point à l'aide de Stéphane et qu'il avait commencé à commercialiser. Parfois, ils mélangent les sports comme lorsque deux d'entre eux s'accrochaient à Val et à son parapente pour s'en laisser tomber, réalisant ainsi une sorte de *base-jump* à partir d'un parapente.

Ils ont répété ces expériences en Namibie, où Val faisait du parapente de proximité le long des dunes et, enfin, se sont rendus à Verbier, dans les Alpes suisses. Verbier serait le lieu d'un saut historique de Loïc. Il avait repéré un dôme en pente légère et régulière de 30 degrés et d'environ 300 mètres de long, avec au bout une falaise qui offrait un dénivelé de 800 mètres, suffisant pour ouvrir un parachute de *base-jump*. Elle était parfaitement sculptée pour réaliser un vol se rapprochant autant que possible en *wingsuit*. Un jour, Loïc s'est donc vêtu de sa combinaison ailée, a attaché une caméra à son casque et a enfilé un parachute de *base-jump*. Zun, qui était à ses côtés, relaterait dans les pages de *Paramag* que Loïc s'est interrompu à un moment dans sa préparation pour lâcher : « C'est que ça fout la pression, ces conneries », seul indicateur de son stress.

Loïc, Zun et Claud montent tous dans l'hélicoptère. Le pilote a pour instruction de le larguer 300 mètres au-dessus de la pente. Loïc prend une dernière gorgée de la boisson chaude qu'on lui a préparée, inspire une bonne fois et saute. Il commence par plonger à 50 degrés vers la pente pour prendre de la vitesse. Sa trajectoire a la forme d'un S. Une fois qu'il a atteint le début du dôme, il redresse doucement son angle d'attaque pour se caler sur les 30 degrés de la pente. Il est alors à 10 mètres du sol, à 120 kilomètres à l'heure ! Sur la vidéo issue de la caméra placée sur son casque, la neige semble affreusement proche. Mais on a l'impression que Loïc continue de s'approcher ! Les détails des buttes de neige se font de plus en plus apparents quand, soudain, une ombre apparaît. C'est celle de Loïc. On la reconnaît à la forme de sa *wingsuit* et on voit alors la caméra se rapprocher de l'ombre.

Depuis l'hélicoptère, Stéphane Zunino voit aussi Loïc se rapprocher de son ombre. « Il va toucher ! » se dit-il quand, d'un coup, l'ombre disparaît.

Mais ce n'est qu'un effet de perspective à cause de la superposition de l'hélicoptère. Loïc longe la pente, seulement 3 mètres au-dessus sans jamais la toucher ni même l'effleurer. C'est la perspective qu'offre la caméra embarquée qui est effrayante. On le voit passer presque à niveau des skieurs qui se sont posés sur la pente. On a l'impression qu'il peut s'écraser à tout moment. C'est la première fois que le monde découvre de telles images et pour la plupart d'entre nous, on a l'impression que c'est de la folie ! Pourtant, Loïc expliquera que c'est en fait assez sécurisé, en comparant son exploit à l'autoroute : « Imaginez-vous à 120 kilomètres à l'heure sur l'autoroute et à 3 mètres de la barrière de sécurité. Êtes-vous sur le point de la percuter ? Non ! Eh bien c'est pareil ici, sauf que tout le monde ne pilote pas une *wingsuit* aussi facilement que sa voiture. »

C'était la première fois que quelqu'un se rapprochait autant du sol en plein vol de *wingsuit*. C'est ce qu'on appellera plus tard le *proximity flying* (le vol de proximité).

Je ne savais pas encore à cette époque-là que la *wingsuit* et le vol de proximité deviendraient des piliers de ma vie. Les images m'ont impressionné, ça me donnait envie, mais je préférais me concentrer sur le *freefly*. Cela dit, l'ambiance qui semblait régner au sein du groupe m'attirait énormément. Ils avaient l'air de bien s'amuser, tous les quatre. J'aimais bien aussi leur désir de mélanger les disciplines, de sortir du cadre de la compétition et de s'imposer leurs propres règles. Je trouvais ça chouette et ça me rappelait l'invention du *speed-riding*. Mais je ne me suis pas laissé emporter. D'autant que je venais de rejoindre l'équipe Babylon et qu'en conséquence, j'allais faire beaucoup de *freefly*.

# 6.

À l'écoute, certains musiciens de jazz sont tellement bons qu'on pourrait croire qu'ils ont répété leur solo des centaines de fois. Et pourtant, ils improvisent. Ce n'est le résultat ni d'un cadeau musical divin, ni d'un talent inné. Pour un musicien de jazz, improviser est l'aboutissement d'années de répétition, de larmes et de sueur. Il faut une maîtrise si avancée de son instrument et de sa musique qu'il est impossible de l'acquérir sans en baver. Mais une fois qu'il l'a assimilée, qu'il peut s'asseoir avec un pianiste, un batteur et un contrebassiste inconnus ; qu'ils se mettent d'accord sur n'importe lequel des morceaux par centaines qu'ils ont appris par cœur, qu'ils peuvent jouer le refrain, totalement synchronisés, comme s'ils le jouaient ensemble depuis des années, et qu'ensuite, ils entament chacun leur tour des solos imaginés et mirobolants ; alors, seulement, ils atteignent le Graal pour lequel ils se sont entraînés tant d'années.

Je ne suis ni pianiste ni bassiste. Mon corps est mon instrument et pour en jouer, il faut que je saute d'un avion. J'ai déjà expliqué que je n'étais pas compétitif.

Rentrer dans l'équipe de France ne me réjouissait pas parce que j'allais pouvoir porter des survêtements tricolores ou remporter des médailles. C'était la perspective de pouvoir m'entraîner à temps plein qui me mettait des étoiles plein les yeux. Ces entraînements me permettaient de dompter mon instrument, de le connaître par cœur, et d'en faire ce qui m'inspirait.

De temps en temps, il arrivait que je me retrouve avec des *freeflyers* de mon niveau, et que nous décidions de sauter comme à l'époque : sans briefing. L'excitation que je ressentais assis dans l'avion était incomparable. Mon esprit était reposé, satisfait, impatient de se mesurer à la créativité des artistes qui m'entouraient. Une fois dans l'air, pendant 45 secondes, nous étions des danseurs étoiles qui se tournaient autour, libres et contraints par notre seule imagination. Nous étions les jazzmen du ciel, et les années de pliage, de précarité, d'entraînements et de nuits dans des caravanes en valaient la peine, rien que pour ces quelques secondes de musique à travers les nuages.

Je n'avais vécu qu'une poignée de sauts aussi magiques, mais en rejoignant Babylon et les entraînements qui allaient avec, j'espérais en vivre plus. Rapidement, Nico Arnaud m'a pris sous son aile dans l'équipe. Je le connaissais depuis 1998 lorsque je l'avais rencontré près d'Avignon, pendant un événement de para sur la dropzone de Pujaut. Ce grand brun m'impressionnait puisqu'il venait de gagner la coupe du monde de freestyle C'était un vrai athlète. Je compare souvent le freestyle à la gymnastique et Nico avait un corps adapté aux deux. Souple et fort, il faisait ce qu'il voulait dans l'air.

Il avait commencé la compétition en 1993, autant dire qu'il connaissait par cœur les bases de l'entraînement qu'il m'a ensuite transmises. Il m'a appris à décomposer un programme en jours, semaines, mois et années. Au début de chaque saison, nous avions une page blanche sur laquelle nous devions dessiner une routine artistique que nous allions réaliser lors des manches « libres » en compétition. Les deux *performers* enchaînent les figures pendant que le caméraman vole autour. Dans le *freefly*, les positions les plus pratiquées sont la tête en haut et la tête en bas, qui entraînent des vitesses verticales très élevées. Pendant ces chutes, on peut rajouter des saltos avec des vrilles, se toucher la tête, se tourner autour la tête en bas avant de se retourner pour se mettre debout et poursuivre les tours dans le sens inverse. Imaginez une chorégraphie de plongeons synchronisés avec un plongeoir à 4 000 mètres.

Notre première compétition internationale a été les championnats d'Europe qui se tenaient chez nous, à Empuriabrava. Nous n'avions pas encore fait beaucoup d'entraînements ensemble mais tenions tout de même à faire une belle performance à la maison. Ça n'a malheureusement pas été le cas et nous avons terminé à la quatrième place. C'était horrible. Nous étions doués pourtant, mais une combinaison d'erreurs bêtes, de météo difficile et d'organisation douteuse a contribué à ce résultat. Paramag a écrit : « Contre-performance de Babylon [...] l'équipe la plus complète avec ce jeune chien fou de Fred Fugen qui s'est assagi [...]. Cela reste l'équipe qui a le plus de marge de progression... »

Nico et moi étions vraiment déprimés après cette compétition. C'était la fin de la saison 2002.

Après un peu de repos et de recul, nous nous sommes penchés sur notre objectif suivant : le championnat du monde en septembre 2003, à Gap. On s'y est rendus à plusieurs reprises au cours de l'année pour s'y entraîner mais quelque chose clochait chez Nico. Il avait de plus en plus mal au genou et des médecins ont confirmé en juin qu'il devait arrêter les sauts. Il allait devoir être opéré et en comptant le temps de rééducation, il ne serait jamais prêt pour le championnat. Cela faisait presque deux ans qu'on se préparait pour cette compétition et à deux mois du début, on avait perdu un tiers de l'équipe. C'était la catastrophe. Même en recrutant un nouveau membre, il était impossible qu'il retienne tout ce que nous avions développé depuis deux ans en si peu de temps.

C'était compter sans Loïc Jean-Albert, l'Extraterrestre. Pour lui, apprendre en si peu de temps une chorégraphie ne posait aucun problème, d'autant que c'est lui que j'avais remplacé dans l'équipe. Ayant terminé ses tournages pour le premier DVD des Soul Flyers, il a accepté de reprendre juste une fois la compétition et de nous filmer à la seule condition que nous nous entraînions chez lui à Gap. Nous sommes immédiatement allés le rejoindre.

Dès notre arrivée, nous avons briefé Loïc avant de réaliser nos premiers sauts d'entraînement à trois. Nous étions maudits : Loïc s'est cassé le pied à l'atterrissage le premier jour. Les médecins ont rendu leur verdict :

six semaines d'arrêt. Ils n'avaient pas compris qu'ils avaient affaire au pied d'un extraterrestre ! Loïc s'est autorisé deux semaines de pause pendant lesquelles nous nous sommes entraînés seuls, avant de nous rejoindre. Au fur et à mesure que les journées passaient, il utilisait des pinces pour couper un peu plus de son plâtre qui le gênait jusqu'à ce qu'il lui reste une sorte de lambeau enveloppant vaguement sa cheville.

Nous avons réalisé 200 sauts ensemble ce mois-là. C'était la première fois que je faisais équipe avec Loïc et je n'avais jamais sauté avec quelqu'un d'aussi bon. Malgré sa cheville en vrac et ses deux ans de retard sur notre programme, il n'a eu besoin que de quelques jours pour se mettre à niveau. Il était tellement doué qu'il nous a donné des conseils, nous a guidés et aidés à progresser. C'était vraiment hallucinant. Un vrai extraterrestre, je vous dis.

La semaine précédant le championnat, nous étions à Gap et la dropzone était noire de monde. Toutes les équipes étaient venues en avance pour s'adapter au créneau horaire, au climat, et effectuer les derniers entraînements. Dans ces moments-là, il règne toujours une ambiance un peu bizarre. On s'observe et on se méfie les uns des autres. C'était insupportable et l'idée de devoir passer la semaine dans cette ambiance pesante ne nous enchantait pas. Un jour, Loïc nous a dit : « Venez les mecs, on va aller faire du *base* plutôt que de rester ici. » Même si nous avions tous le niveau nécessaire pour pratiquer le *base-jump* en sécurité, ça restait tout de même osé, à une semaine du championnat du monde, d'aller sauter de falaises ! Ça semblait fou, mais Loïc avait raison : rien de tel qu'une bonne session de *base* entre potes pour se changer les idées. J'y ai passé la semaine, avec Val Montant, Claud et Loïc, ce qui, comme escompté, nous a détendus.

Pendant la compétition, les Américains étaient clairement meilleurs que nous, même si nous leur avons tenu tête. Nous avons réussi à un moment à saisir la première place. Je me souviens du tout dernier saut, lorsque nous étions les deux équipes de tête, seules dans l'avion, à nous regarder. J'étais tendu. À un moment j'ai croisé le regard de Loïc qui m'a fait un hochement de tête pour me rassurer. Finalement, après une bonne bataille, nous avons décroché la deuxième place.

Le lendemain, après que toutes les disciplines ont eu terminé leurs sauts, les organisateurs ont annoncé pour la première fois les vainqueurs du prix à la meilleure nation. Il s'appelait le trophée Patrick-de-Gayardon. Toutes les équipes de France ont été conviées pour faire une photo. Sauf que je ne figure pas dessus, parce qu'au moment de se préparer pour la cérémonie, un groupe de *freeflyers* et de freestylers dont je faisais partie, avec Steph, Loïc et Éric Fradet, a préféré aller faire du *base-jump* plutôt que de se faire tirer le portrait. Pendant que les autres équipes se réunissaient sur l'estrade, nous, nous sautions d'une falaise. Je n'étais quand même pas très serein, j'ai dit à Éric, alors que nous nous dirigions vers le haut de la falaise, que c'était le trophée de Patrick de Gayardon, de Deug, et que j'espérais que l'on ne se ferait pas engueuler au retour. Il s'est arrêté et m'a dit en me regardant droit dans les yeux : « Tu sais Fred, si Deug était là, il serait avec nous plutôt que là-bas. » Éric était un des deux seuls à avoir été quadruple champion du monde de VR. Devenu ensuite un des pionniers du *skysurf* et du *base-jump*, il avait été proche de Deug. Il avait 25 000 sauts d'avion au compteur à cette époque et c'était lui qui m'avait emmené faire mon premier saut de falaise à côté de Gap. Donc quand il m'a dit que Deug serait là, ça m'a rassuré. Sans compter que je me sentais plus à ma place là, entouré de ces légendes, en train de braver l'interdit. J'ai adoré l'idée que pendant que des Français remettaient un trophée en honneur d'un Français aux Français en France, nous étions en train de chanter *La Marseillaise* comme des cons en haut d'une falaise avant d'en sauter.

Pendant ce temps, Vince grandissait. Au collège, il avait décroché. Tentant le tout pour le tout, ses parents l'avaient inscrit dans un établissement catholique privé, mais rien à faire, les cours classiques ne l'inspiraient pas. Petit, il avait rêvé de devenir vétérinaire. C'était quelqu'un de sensible et doué avec les animaux. C'est lui qui s'occupait des chats de la famille Reffet. Malheureusement, ses notes ne lui permettaient pas d'envisager cette carrière et il avait fini par y renoncer. À la place, il s'était dit que c'était un métier manuel qu'il lui fallait. Il a donc rejoint les compagnons du tour de France à 16 ans pour y suivre une formation de charpentier. Pour la première fois de sa vie, il s'est senti à sa place. Il aimait toucher le bois, préférant avoir une scie dans les mains pour couper une planche qu'un crayon pour résoudre une équation sans intérêt. En plus du travail qui lui plaisait, les professeurs qui l'encadraient l'inspiraient et le comprenaient. Ils savaient parler son langage et lui enseignaient les valeurs de la rigueur et du travail. À côté de son apprentissage, il continuait à faire autant de *freefly* que possible. Il se rendait régulièrement à Lapalisse et quand il en avait le temps, il venait me rendre visite à Empuriabrava. C'est pendant un de ces voyages que nous l'avons emmené, mon ami Gaël et moi, faire son premier *base-jump* depuis le viaduc de Verrière à côté de Millau. Contrairement au mien, son saut était presque parfait et il en est sorti enchanté. J'adore les photos de cette époque qui était aussi dorée que nos peaux. Sur l'une d'entre elles, on nous voit torse nu sur un bateau, les cheveux longs, des lunettes de soleil sur le nez et des sourires immenses qui dévoilent le bonheur dans lequel nous baignions. Vince progressait très vite en *freefly* et il a rapidement rattrapé son retard. À chaque saut ensemble, je lui donnais des conseils qui étaient assimilés dès le suivant. Nous avions la même passion pour la progression et son physique musclé et souple l'aidait énormément. En 2001, on s'est inscrits pour rigoler à une compétition. N'ayant pas encore assez d'expérience, Vince maintenait une position de chute assise pendant que moi, j'improvisais des figures autour de lui. Deux ans plus tard, lorsqu'on se retrouvait et qu'on sautait ensemble, on avait pratiquement le même niveau. On commençait vraiment à s'amuser.

Notre relation était aussi fusionnelle sur terre que dans l'air. Au sol, on faisait les mêmes blagues, on pouvait terminer les phrases l'un de l'autre et on était toujours d'accord pour faire les mêmes conneries. C'était mon petit frère adoré et on rigolait beaucoup ensemble. Dans le ciel, on pouvait avoir des discussions entières rien qu'avec nos yeux et nos corps. Je pouvais anticiper ses mouvements et un seul regard échangé suffisait pour savoir quelle figure on allait réaliser. C'était un véritable ballet. J'évoquais plus tôt ces sauts magiques, semblables à des improvisations de jazz et qui m'obsédaient. Ceux que j'ai partagés avec Vince sont parmi les plus beaux. Nous étions faits pour nous entendre et voler ensemble.

Fin 2003, Nico, qui s'était remis de sa blessure au genou, nous a annoncé qu'il allait arrêter la compétition. J'étais triste de le voir partir, il m'avait tant appris. Son départ nous a obligés à trouver un nouveau coéquipier. J'ai immédiatement pensé à Vince. D'une part, parce que je savais qu'avec de l'entraînement, on pouvait devenir extrêmement bons, mais surtout, parce que l'idée de pouvoir sauter plusieurs centaines de fois par an avec mon meilleur ami m'enchantait particulièrement.

Vince avait, à cette époque, à peu près un millier de sauts à son actif. Ce n'était pas beaucoup pour prétendre rejoindre l'équipe de France, mais j'étais tellement sûr de moi que je n'ai pas hésité à suggérer son nom à Stéphane. De prime abord, il s'est montré réticent. Vince était très jeune encore, à peine 19 ans, il trouvait qu'il manquait d'expérience et de maturité. J'ai insisté lourdement, expliquant qu'en prenant en compte sa capacité de progression et les quelques mois d'entraînement à venir, nous pourrions décrocher de très beaux résultats. Il a fini par accepter et après un coup de fil à la fédération auprès de laquelle j'ai dû faire le forcing également, on a eu le feu vert. J'ai immédiatement appelé Vince pour lui annoncer la bonne nouvelle. Il n'y croyait pas ! Dans l'année qui venait, nous allions faire 700 sauts ensemble ! On ne pouvait pas encore imaginer qu'à terme, nous en ferions 12 000.

Même s'il était heureux chez les Compagnons, Vince n'a pas hésité longtemps avant d'arrêter sa formation et de venir s'installer dans le même appartement que moi à Empuriabrava. Notre logement se trouvait dans une maison divisée en quatre logements ; nous avions le plus grand, Stéphane vivait dans un autre et divers *freeflyers* occupaient les deux restants. L'appartement était super, nous avions chacun notre chambre, et un grand salon. Nous avions un grand balcon exposé plein sud. Nous habitions à 1 kilomètre de la dropzone, nous nous y rendions à vélo. Nous mangions principalement des pâtes et je pense qu'on consommait plus de Nutella qu'une crêperie au pied de la tour Eiffel.

Notre vie était simple. Nous passions nos journées à nous entraîner et donner des cours de *freefly* afin de payer notre loyer dérisoire. Chaque instant de libre était consacré au *base-jump* dans le Vercors, à cinq heures de route, ou à Millau. On s'engueulait parfois un peu, mais ce n'était jamais grave et surtout pas souvent. Vince était presque tout le temps joyeux, faisait des blagues et rigolait. Mais il avait aussi un très fort caractère et les rares fois où il était de mauvaise humeur n'échappaient à personne sur la dropzone. Il était franc et n'avait pas peur de dire ce qu'il pensait. Le hic est qu'il pensait souvent après avoir parlé. Il était imposant, chacun ressentait sa présence. Nous étions comme un vieux couple inséparable.

Dès les premiers entraînements, Stéphane a compris que je ne lui avais pas raconté n'importe quoi sur Vince et ses capacités. L'équipe que nous formions avait ainsi un sacré potentiel que nous avons réussi à développer grâce à une découverte de Stéphane.

Durant l'hiver, ce dernier s'était rendu en Floride pour rencontrer notre sponsor de voiles et de sacs. Avant ce voyage, nous savions que les Américains qui nous avaient battus à Gap s'entraînaient à Orlando dans une soufflerie. Intrigué, Stéphane s'y est rendu et ce qu'il y a vu l'a interloqué. Dans ce bâtiment, un grand tube transparent était érigé verticalement. À l'intérieur, des individus étaient comme suspendus dans l'air. On aurait dit que la gravité avait disparu. Ils n'étaient pas immobiles, bien au contraire, ils réalisaient des figures de *freefly* ! Le bruit assourdissant révélait comment cette supercherie était possible : en regardant au fond du tube, on pouvait apercevoir une immense turbine qui tournait et qui propulsait un vent à 195 kilomètres à l'heure vers le haut, permettant de simuler la chute libre.

Quand Stéphane a vu ça, il a tout de suite vu le potentiel immense de cette machine. Plutôt que d'être limités par les 45 secondes de chute libre en partant d'un avion, on pouvait désormais entrer dans la soufflerie et y passer des heures à s'entraîner pour perfectionner une routine. Il nous en a parlé et en avril 2004, nous sommes allés tous les trois en Amérique et avons acheté douze heures de soufflerie.

À Orlando, nous avons rencontré Juliana et Fabian, qui sont devenus nos instructeurs en soufflerie. Avant de commencer, ils nous ont fait une démo afin que nous prenions conscience du potentiel de cette machine. Voir ces deux corps, face à soi, se tourner autour alors que nos pieds étaient bien ancrés dans le sol était bluffant. En plus, ils avaient tous deux un style incroyable. Étant donné la régularité de l'air et le côté aseptisé de la soufflerie, chaque mouvement devait être très précis, mais une fois ce point maîtrisé, les styles individuels des uns et des autres étaient mis en valeur. On pouvait deviner, rien qu'à son vol, que Juliana était brésilienne. Elle était toute petite, très souple et sportive, et avait un style incomparable dans l'air. C'était beau.

Lorsque nous avons commencé la formation, nous avons vite compris que cela n'avait rien à voir avec la chute d'avion : il fallait tout reprendre à zéro.

À la fin du stage, nous avions tous progressé, mais Vince était clairement celui qui avait le mieux saisi la technique. Il avait tout de suite senti comment bouger et y arrivait parfaitement grâce à sa flexibilité. Stéphane avait un peu plus de mal et on sentait que ça l'énervait. Je pense qu'il était frustré de ne pas y parvenir, contrairement à Vince pour qui c'était presque un jeu d'enfant. C'est là qu'a commencé à apparaître une jalousie malsaine qui, plus tard, causerait la plus grosse déception de ma vie.

Mais à cet instant, nous venions de découvrir un outil incroyable qui permettait d'avancer extrêmement vite. En arrivant en Floride, Vince, malgré ses 1 000 sauts, n'avait toujours pas totalement maîtrisé le vol tête en bas. Il avait tendance à dériver vers l'avant. Mais au bout de cinq heures de soufflerie, c'était réglé. Le fait d'être aussi proche de la paroi du tube et donc d'avoir un point de repère visuel stable permettait d'effectuer des micro-ajustements. C'était aussi très analytique. Chacun de nos vols en soufflerie était filmé et le soir on s'asseyait devant pour les analyser. C'était la même routine que lors des sauts d'avion, mais si on avait réussi à faire une dizaine de sauts dans la journée, nous n'avions que sept minutes et demie à regarder. En soufflerie, on pouvait avoir une heure de vidéo à décortiquer à l'issue de la journée.

Vince est sorti transformé de cette semaine de stage et n'a plus jamais eu de mal à voler droit la tête en bas.

À notre retour en Espagne en mai 2004, nos bases étaient assez solides pour pouvoir reprendre les entraînements en vue du championnat du monde qui se tenait au Brésil, à deux heures de São Paulo, dans la ville de Boituva. Nous avions remporté le championnat de France l'été, nous étions donc confiants. Cela dit, comme pour la majorité des disciplines artistiques, on était d'abord en compétition contre nous-mêmes. Il n'y avait pas d'autre équipe avec nous dans le ciel pendant qu'on réalisait nos sauts et le niveau global était tellement bon qu'une petite erreur avait des conséquences sévères dans la notation. Il fallait donc faire le saut parfait, à chaque fois, sans hésiter.

Avec Vince, on ne faisait pratiquement que des sauts parfaits. Pendant les manches imposées où il fallait répéter autant que possible un enchaînement de figures déterminées par les juges, nous étions comme des machines. Et lors des manches libres, notre routine créative et originale détonnait. Les gens sentaient que nous avions une connexion particulière. En plus, à la fin de chaque saut, on réalisait des atterrissages synchronisés à trois. Ils ne comptaient pas dans les scores, mais c'était devenu notre marque de fabrique et ça ajoutait un peu de panache à notre performance. Nous étions tellement bons qu'aucune des seize autres équipes ne nous a mis en difficulté. À l'issue du dernier saut, devant Juliana et Fabian – nos coachs de soufflerie qui étaient venus nous voir –, nous avons remporté notre premier titre de champions du monde ! Imaginez, c'était notre première compétition ensemble, la première internationale de Vince, qui avait eu 20 ans durant la semaine, et nous avons raflé la médaille d'or ! C'était fou, Vince devenait le plus jeune champion du monde de *freefly* de l'histoire et, juste après l'annonce, Stéphane nous a pris entre quatre yeux pour nous féliciter mais aussi pour s'assurer que ça n'allait pas nous monter à la tête. Dans les colonnes de *Paramag*, il a déclaré : « C'est une super équipe avec un potentiel énorme, il y a un lien fort entre Fred et Vince, [...] ils sont amis depuis toujours. Vince s'est adapté très vite : lorsqu'il est arrivé à Babylon, il y a à peine un an, il lui a fallu à peu près 14 secondes pour s'intégrer dans l'équipe ! C'est vite devenu une évidence : ces deux jeunes adorent performer ensemble, ils sont très motivés, chez eux c'est tout pour le *freefly* et la compète. »

L'avant-dernière équipe lors de ce championnat était une équipe de Norvégiens qui participait aussi à son premier championnat du monde. Kristian, Mathias et Erling avaient à peu près notre âge et nous avons sympathisé lors de la fête de fin de compétition. Pendant six ans, leur niveau allait progresser, jusqu'à rivaliser avec le nôtre. Mais ils ne nous ont jamais battus : Vince et moi n'avons jamais perdu une compétition.

De 2004 à 2009, nous étions sur la première marche du podium à chaque fois. J'en suis très fier, même si les médailles accumulées ne m'ont jamais intéressé. Elles sont toutes au fond d'une boîte dans mon grenier. Nous étions heureux de gagner, principalement car chacune de ces victoires signifiait de nouveaux budgets débloqués pour nous entraîner. Et cela voulait dire continuer à sauter ensemble, ce qui était notre motivation principale.

Bizarrement, je ne me souviens pas vraiment du détail des compétitions. Je n'ai pratiquement aucun souvenir des sauts, des difficultés, des notes des juges ou des performances des autres. En revanche, je me rappelle très bien les soirées de fin de compétition, elles étaient inoubliables.

Certaines valent le coup d'être racontées. L'une des plus mémorables s'est déroulée l'année suivante, en juillet 2005. Une compétition privée de parachutisme avait été organisée en Russie en l'honneur d'Anton Malevsky, mort lors d'un accident de parachutisme en Afrique du Sud en 2001, et accessoirement chef de la mafia moscovite. Baptisé Malevsky Cup, cet événement était une immense affaire avec toute la fanfare que l'on peut s'imaginer. Il attirait énormément de parachutistes puisque c'était une des seules compétitions où il était possible de remporter de l'argent. C'était grandiose, il y avait des stars russes partout et une immense scène avait été érigée, sur laquelle des groupes de rocks jouaient.

Les épreuves de *freefly* se sont terminées un jour avant toutes les autres et puisque nous avions remporté la compétition, nous tenions à fêter ça dignement. Au milieu de la dropzone, les organisateurs avaient installé un gigantesque bar qui servait de la vodka à volonté. Pendant que les autres épreuves se déroulaient au-dessus de nos têtes et que les groupes de rock tentaient de détruire les tympans des 30 000 personnes présentes, nous avons été embrigadés par des Russes : nous avons enchaîné les shots de vodka, sous les applaudissements de nos hôtes. Nico Arnaud avait décidé de reprendre la compétition en filmant un jeune *freeflyer* du nom de Robin Dubuisson. Tous deux étaient avec nous. Ç'a été un carnage. La vodka est sans aucun doute la pire substance inventée par l'homme. Dès qu'on effleure le bord du verre et que ce liquide froid et dégueulasse coule dans la gorge, le QI baisse d'une centaine de points. Ce ne serait pas si grave si ça se dégustait. Mais en Russie, une fois que la bouteille est ouverte, il faut la terminer, quoi qu'il en coûte. Nous avons donc bu comme des trous.

Au bout de quelques bouteilles, nous avons été menés jusqu'à notre hôtel. Arrivés dans la chambre, Vince, Nico, Robin, moi-même et d'autres avons trouvé très drôle de jeter tout ce qui nous passait sous la main par la fenêtre. Chaises, tables, coussins, on s'est tout juste arrêtés avant de balancer la télévision. Même Nils, un freestyler danois qui était d'habitude calme et réservé, s'était transformé en troll déchaîné.

Une fois la chambre vidée de son contenu, nous nous sommes tournés vers nos pauvres coéquipiers qui étaient dans l'équipe de VR et dont la finale était le lendemain. On est allés les réveiller en les aspergeant de mousse à raser, particulièrement Guillaume Bernier, auquel je tiens à présenter mes excuses. Les pauvres ! Ils passaient l'année à souffrir sur les dropzones, à s'entraîner sans relâche, et la nuit précédant la seule finale de l'année où il était possible de gagner un peu d'argent, ils ont été réveillés par ces glandus de *freeflyers*.

Le lendemain, nous avions une monstrueuse gueule de bois. Le chef de la délégation française, Jérôme David, nous a passé un sacré savon. Le problème pour lui n'était pas tant la destruction de la chambre, mais le réveil des coéquipiers. Et puis nous n'avions pas réveillé que la délégation française, l'ensemble de l'hôtel avait mal dormi par notre faute. Nous n'étions pas les seuls responsables, mais vu que le carnage avait commencé dans notre chambre, ç'a été pour notre pomme. Jérôme nous a demandé d'écrire une lettre d'excuses à la totalité de la dropzone. Vince et moi nous sommes alors attelés à l'écriture de cette foutue lettre mais vu que notre écriture ressemblait plus à des hiéroglyphes qu'à l'alphabet latin, Nico a dû écrire pour nous. Jérôme a ensuite affiché des photocopies dans l'hôtel et sur la dropzone, avec nos signatures en bas de page.

Le lendemain, lors de la remise des prix, nous avons reçu nos médailles sous les huées et les sifflets. On a eu honte. *La Marseillaise* a été entonnée, mais à cet instant précis, elle dissonait avec l'ambiance. *La Marche funèbre* aurait été plus opportune.

Pour ce qui est de nos gains, on a dû en reverser 95 % aux propriétaires de l'hôtel pour rembourser tout ce qu'on avait cassé dans notre chambre. On s'est sentis bien bêtes. La vodka est vraiment un enfer.

Même s'il nous arrivait, lors des soirées de fin de compétition notamment, de faire n'importe quoi, on nous pardonnait tout, puisque l'on gagnait tout. Et surtout, le reste de l'année, on était extrêmement sérieux. On s'entraînait comme des fous, on se couchait tôt et on était debout aux aurores pour être dans le premier avion.

Malheureusement, cette année 2005 a été marquée par une autre tragédie. En septembre, Robin Dubuisson, le coéquipier de Nico en freestyle qui s'était joint à nous dans la destruction de notre chambre d'hôtel russe, s'est tué dans un accident de parachutisme sur la dropzone de Gap. Il a effectué un virage rapide trop bas et s'est violemment cogné la tête contre le sol. Il est mort à l'hôpital quelques heures après d'une hémorragie cérébrale. Nico, Vince et moi étions dans le couloir devant sa chambre lorsque sa mère est sortie et nous a annoncé : « Robin nous a quittés. » Il avait 25 ans.

La mort est omniprésente dans mon parcours. Je suis allé à beaucoup trop d'enterrements pour mon âge. Parfois, je songe à faire la liste de tous ceux que j'ai perdus. Mais je n'ose pas, elle serait trop longue.

# 7.

En février 2006, Loïc et les Soul Flyers avaient entamé une deuxième tournée mondiale pour enregistrer un nouveau DVD. L'ultime tournage qui avait lieu au Chili venait de se terminer, quand un nouveau drame s'est produit. Un soir, après avoir réalisé un vol de test avec une nouvelle aile de *speed-riding* à côté de chez lui, sur le flanc du Salève en Haute-Savoie, Val Montant remontait le long d'un sentier qu'il avait déjà emprunté des milliers de fois pour rentrer chez lui. On n'a jamais su comment cela a pu être possible, mais il a glissé et chuté d'une vingtaine de mètres. Il est mort sur le coup. C'était inimaginable. Comment lui, l'homme qui avait gravi le mont Blanc en baskets, pouvait-il s'éteindre ainsi ?

Val avait enseigné le parapente à Loïc, il avait tant contribué au développement du *speed-riding* et avait enchanté les dernières années de voyage des Soul Flyers avec sa joie de vivre, son sourire et son humour. C'était un surdoué. Il avait appris à dériver (utiliser la résistance de l'air pour se déplacer sur un axe horizontal dans l'air) en faisant du *base-jump*. C'était totalement dingue, personne n'apprenait ainsi. Normalement, il fallait réaliser des dizaines de sauts d'avion avec 45 secondes de chute libre pour s'entraîner et acquérir la technique. Val l'avait comprise aux côtés de Loïc et Claud à quelques mètres des façades rocheuses, lors de sauts qui duraient à peine quelques secondes. Il avait le courage qui allait avec son talent.

Antoine Montant admirait plus que personne son grand frère. Il voulait tout faire comme lui, en commençant par le parapente, et Val s'était consacré à la formation de son cadet. Il était dur, s'assurant qu'Antoine ne brûle pas d'étapes, conscient peut-être que c'était une discipline accidentée. Il l'a entraîné au sol pendant sept ans avant de le laisser faire son premier vol solo. Pour ce qui est du ski, il n'y avait pas grand-chose à lui apprendre. Ils avaient ça dans le sang et Antoine, même s'il n'avait jamais participé à une compétition, avait le niveau d'un skieur professionnel. Grâce à son entraînement en parapente avec son frère et à ses talents de skieur, Antoine était le *speed-rider* idéal. C'est lui qui a révolutionné la discipline pour qu'elle devienne ce qu'elle est aujourd'hui. Il a développé la technique pour skier avec une voile au-dessus de la tête. Avant lui, on ne skiait pas vraiment, on survolait seulement les pentes. Mais Antoine les dévalait en skiant. Juste avant de tomber dans l'immense crevasse qui l'attendait au bout, il tirait sur ses commandes et la survolait comme si de rien n'était. Il passait d'arête en arête, survolant des failles et sautant au-dessus des barres rocheuses ou des glaciers pour atteindre des pentes inaccessibles à tous sauf à lui. Pour Antoine, l'aile était un moyen de skier là où personne ne s'était rendu.

La haute montagne, si dangereuse pour le commun des mortels, devenait un terrain de jeu pour lui. C'en était presque insolent. Il était tellement désinvolte que les avalanches, le pire cauchemar de tous en montagne, devenaient ses jouets. On le surnommait la Charge, en référence aux charges explosives utilisées par les pisteurs secouristes pour déclencher des avalanches lorsqu'il n'y a personne dans les parages. Antoine attendait avec impatience les conditions propices aux avalanches pour se rendre avec son équipement de *speed-riding* en haute montagne où il s'amusait à les déclencher lui-même avec ses skis. Une fois que la masse mortelle de neige se mettait en mouvement, il tirait sur les commandes et survolait le nuage de neige. C'était un grand fou. Dans une vidéo connue dans le milieu, on voit Antoine la Charge parcourir en *speed-riding* la face nord de l'aiguille du Midi, déclenchant exprès une avalanche au passage. C'était une montagne impossible à skier depuis le sommet sur cette face. Seul un *speed-rider* comme lui pouvait y arriver.

Avec la mort de Val, les Soul Flyers avaient perdu une partie de leur âme et Loïc se retrouvait totalement isolé, Stéphane et Claud ayant décidé d'arrêter l'aventure. Il restait néanmoins un reliquat de budget sur le contrat Salomon. Alors Loïc a décidé de proposer à Stéphane Fardel – notre coéquipier à Babylon –, Vince, Antoine Montant et moi de l'accompagner à un tournage dans les Dolomites. Au programme : *base-jump*, parapente, *freefly* et *wingsuit*.

Vince et moi n'avions pas beaucoup d'expérience en *wingsuit*. J'avais essayé pour la première fois en l'an 2000, à Perris Valley. À l'époque, il n'y avait pratiquement pas de *wingsuits* dans le milieu, c'était le début de la discipline. Mais Loïc avait construit deux prototypes, l'un pour lui et l'autre pour un de ses amis qui mesurait à peu près ma taille : 1,70 mètre. Pendant quelques années, ce deuxième prototype a été prêté à une poignée de parachutistes et en 2000, un membre de l'équipe de France de VR4 m'a proposé de l'essayer.

J'ai découvert une nouvelle sensation lors de ces vols qui duraient plusieurs minutes. La *wingsuit* était un drôle d'outil. Lorsque je m'élançais depuis l'avion, je devais adopter une position où mes jambes étaient écartées et tendues, et mes bras droits, légèrement vers l'arrière. Il fallait tenter de reproduire la forme d'une flèche. Ensuite, une fois en l'air, je ressentais les caissons de la *wingsuit* se gonfler. C'était une *wingsuit* assez rudimentaire et il fallait faire un effort physique assez important afin de maintenir la forme optimale pour voler. Un peu comme si j'avais enfilé un costume de Bonhomme Michelin et qu'on le gonflait très fort. Je ressentais la portance et la pression de l'air qui me soulevaient par les bras, les épaules et les jambes. J'étais bien sûr toujours en train de tomber, mais la sensation était très différente comparée au *freefly*. J'avais l'impression de me balader à plat ventre dans le ciel. Ça restait une balade à 150 à l'heure, mais comparé aux 300 kilomètres à l'heure qu'on atteignait en *freefly* et à l'intensité de ces sauts, les vols en *wingsuit* étaient relativement bucoliques. Cela dit, on ne planait pas très bien, on ne pouvait pas encore se mettre sur le dos et il y avait très peu de pratiquants. J'avais aimé, mais ce premier saut ne m'avait pas retourné le cerveau comme l'avaient fait le *freefly* ou le *base-jump*. Mais, le temps passant, ces ailes devenaient de plus en plus performantes. Nous avons commencé à pratiquer très occasionnellement sur les dropzones, Vince et moi. Si nous étions plusieurs, on s'amusait à voler en formation, comme si nous étions la Patrouille de France, mais on ne s'est jamais entraînés sérieusement. J'avais un peu plus d'expérience que Vince, mais ça restait modeste. Sur les six dernières années, j'avais réalisé une centaine de sauts, tous d'avion.

On ne connaissait pas très bien Antoine mais pendant ce voyage dans les Dolomites en 2006, on est devenus très proches. Pour vivre quelques secondes d'adrénaline, il faut d'abord arriver jusqu'en haut de la falaise et, parfois, compter plusieurs heures de marche avant. On passait ce temps à discuter, à blaguer et à apprendre à nous connaître. En plus de la découverte d'Antoine, ce voyage dans les Dolomites nous a permis de réaliser nos premiers sauts de *wingsuit* depuis des hélicoptères.

Un jour, Loïc, qui m'avait observé en vol, m'a proposé d'aller sauter d'une falaise. Il voulait m'emmener faire mon premier saut de *base-jump* en *wingsuit*. J'étais un peu pris au dépourvu. Mais il était persuadé que j'étais prêt et, comme il était le meilleur pilote de *wingsuit* sur Terre, je lui ai fait confiance.

Nous sommes donc montés en haut d'une falaise et j'ai enfilé ma combinaison ailée et mon parachute de base. Loïc a dit qu'il valait mieux que je saute en premier afin qu'il me suive. J'ai approché mes pieds du bord de la falaise et j'ai regardé ce qu'il y avait en dessous. Cette falaise, Le Sass Pordoi, avait un à-pic de 400 mètres et on aurait pu réaliser ce saut en lisse (sans *wingsuit*). Mais avec la *wingsuit*, on allait tenter de parcourir le plus de distance possible. J'avais très peur, l'impression d'être emprisonné dans cette combinaison comme dans une camisole. Le mouvement de mes membres était limité et malgré tout, j'étais censé me jeter dans le vide et me retrouver dans la bonne position afin que la *wingsuit* puisse se gonfler et le vol, commencer. J'ai pris mon courage à deux mains et j'ai sauté.

Pendant les premières secondes, j'ai retrouvé cette sensation de tomber dans le vide. J'ai déployé mes jambes et mes bras, mon corps gainé, priant pour que les caissons de la *wingsuit* se gonflent et qu'elle se mette à voler. Heureusement, contrairement à mon premier saut de *base*, mon départ avait été bon. La combinaison s'est mise à planer au bon moment et j'ai commencé à me déplacer et m'éloigner de la falaise. J'étais crispé, obnubilé par le sol qui défilait sous mon corps. Au bout d'un moment, la trajectoire que nous empruntions exigeait un petit virage à gauche. J'ai commencé à appuyer l'épaule gauche mais dès que je me suis mis à tourner, j'ai senti que je m'enfonçais trop, je ne maîtrisais pas mon virage et j'ai terminé mon vol en ligne droite. Je n'ai plus osé bouger le moindre muscle. J'étais en mode

« survie », espérant juste que tout se passe bien, jusqu'à pouvoir ouvrir mon parachute et me poser en douceur.

J'étais très loin de maîtriser mon vol, je l'ai subi et c'était particulièrement désagréable. J'aime sauter en étant en contrôle. Seule la maîtrise permet d'y prendre du plaisir. À cet instant, j'étais le passager d'une *wingsuit* dans une situation périlleuse. Pourtant, ce vol m'a suffi pour prendre conscience du potentiel de cette combinaison dans ce genre d'environnement. Pendant que j'essayais de ne pas mourir, Loïc faisait des tours autour de moi et s'amusait à filmer mon vol chaotique. C'était beau à voir et ça m'a donné envie. J'ai décidé dès l'atterrissage de me consacrer beaucoup plus à la *wingsuit*. J'éprouvais une immense motivation. J'en ai parlé à Vince et je lui ai expliqué qu'il fallait absolument qu'on passe le cap de la *wingsuit*. À partir de ce moment-là, à chaque fois qu'on le pouvait, on sautait d'avion avec nos *wingsuits* pour apprendre à les contrôler.

Pendant ce temps, l'équipe Babylon changeait. En 2006, Stéphane nous a annoncé qu'il voulait arrêter la compétition. Cela faisait plusieurs années qu'il était compétiteur et il voulait se concentrer sur son école de *freefly*. Vince et moi avons donc dû trouver un nouveau coéquipier qui a été, au final, une coéquipière. Cathy Bouette avait le même âge que Vince et faisait partie des meilleurs parachutistes en *freefly*. Lorsque j'étais en équipe de France et que Vince ne m'avait pas encore rejoint, Cathy et Greg – un autre ami – formaient une équipe. Ensemble, ils s'étaient démarqués et si Vince ne m'avait pas rejoint à Babylon, ils auraient pu faire de grandes choses ensemble. Cathy était venue s'installer à Empuriabrava où elle faisait partie des instructeurs de *freefly*. On passait beaucoup de temps tous les trois, d'autant que Vince et elle sortaient ensemble. On a donc décidé de faire équipe à trois. Faire équipe avec un couple n'a pas toujours été facile. Tous deux avaient de fortes personnalités et si Vince avait une idée, qu'importe que tous lui expliquent qu'elle était impossible, il s'y accrochait. Il s'obstinait à prouver qu'il avait raison et faisait tout pour y arriver. À chaque fois, c'était le cas. Il nous disait ensuite d'un air triomphant : « Vous voyez ! Je vous l'avais dit ! » Quant à Cathy, elle avait un sacré caractère aussi. Il fallait faire preuve de patience avec eux deux.

Dès 2008, j'ai commencé à avoir envie d'aller voir ailleurs. La routine des entraînements et des compétitions me lassait. Nous avions atteint le Graal en termes de *freefly*, Vince et moi. En 2008, nous avions remporté notre troisième championnat du monde à Maubeuge, devant nos parents. Nous étions fiers. Nous étions les meilleurs *freeflyers* du monde et même si on peut toujours progresser, je m'intéressais de plus en plus aux autres disciplines que l'on pratiquait comme le *base-jump*, le *speed-riding* et la *wingsuit*. J'en avais aussi marre d'être noté par des juges incapables de faire ce que nous réalisions. Je trouvais qu'on n'avait pas besoin d'eux pour savoir si nos sauts étaient bons. Nous étions les mieux placés pour le savoir. Quand je m'en suis ouvert à Vince, cela l'a perturbé. Il avait envie de continuer quelques années, et quand je lui ai fait comprendre que je pensais vraiment arrêter, il a eu très peur. C'était insupportable pour lui d'imaginer continuer sans moi, comme ça l'était pour moi. Au début, on s'est dit qu'on ferait un petit bout de chemin à part, l'idée étant que Grégory Schmidt – Greg, l'ancien coéquipier de Cathy et Vince – me remplace. Malheureusement, en juin 2008, il est décédé.

Il était à Pujaut en train de faire passer une PAC à un élève quand il s'est rendu compte en plein vol que ce dernier avait une sangle ouverte sur son harnais. Une situation incompréhensible. Il s'est approché en pleine chute libre de l'élève et a tenté tant bien que mal de fermer son harnais. Il a réussi à faire un nœud avant de tirer le parachute de réserve (de secours) de l'élève. Mais Greg était très bas, et plutôt que de tirer sa réserve à lui, qui se serait ouverte plus violemment mais plus vite, il a tiré sa voile principale et s'est écrasé. Il lui manquait 100 mètres. Il avait 27 ans. L'élève a survécu.

Sur la quantité de morts que j'ai vécues, celle-là a vraiment fait mal. Nous étions sur la dropzone de Tallard quand on m'a appelé pour m'annoncer que Greg avait tapé. Vince lui avait parlé la veille. C'était un de ses amis les plus proches, le seul par lequel il avait envisagé de me remplacer. C'était un gars incroyable, drôle et surmotivé, une pointure en *freefly* qui n'avait pas eu la même chance que Vince, de rejoindre tôt l'équipe de France, mais qui avait continué à s'entraîner de son côté, en donnant des cours et en étant moniteur de PAC pour payer ses sauts dans l'espoir de rejoindre un jour l'équipe de France. Il est parti bien trop tôt.

L'année suivante, j'ai décidé d'arrêter la compétition, juste après les World Games à Taiwan, en juillet 2009. Vince ne voulait pas continuer sans moi, et on a décrété que ce serait notre dernière compétition. Cette épreuve était organisée par le Comité international olympique (CIO) pour les sports non olympiques et potentielles futures disciplines. On savait que c'était notre dernière compétition et que notre réputation en dépendait. C'était la deuxième fois que le *freefly* figurait dans les World Games et la dernière fois, quatre ans plus tôt, on avait remporté la médaille d'or. Avec Vince et Cathy, j'avais suivi un entraînement rigoureux pour être prêt. Étant donné qu'il s'agissait d'une compétition organisée par le CIO, les règles étaient un peu différentes, et il était prévu que les performances durent 35 secondes. Mais pendant le briefing de précompétition, les organisateurs ont annoncé que les sauts seraient de 45 secondes. On a failli s'évanouir sur place. Surtout moi, puisque j'étais le capitaine de l'équipe et qu'il était de ma responsabilité de vérifier les règles, ce que je n'avais tout simplement pas fait. Vince m'a fusillé du regard. C'était l'ultime compétition de notre carrière et on venait d'apprendre qu'il manquait 10 secondes à notre performance. Pour les manches imposées par les juges, ce n'était pas grave, mais pour les libres, celles qu'on préparait en amont, c'était la catastrophe. Après le briefing, nous nous sommes dépêchés de rejoindre notre chambre d'hôtel afin d'inventer les 10 secondes de routine manquantes, ce qui n'est vraiment pas évident. Imaginez-vous découvrir dix minutes avant un examen que vous avez oublié de réviser un chapitre entier.

C'était la première fois qu'on se retrouvait dans une situation pareille. Normalement, le soir précédant une compétition, on se couchait tôt, sereins, prêts à sauter le lendemain. Ce jour-là, nous étions extrêmement stressés, d'autant que tout le monde savait que c'était notre dernière. Cathy et moi nous sommes efforcés de trouver une solution, je dois avouer qu'elle m'a impressionné pas son sang-froid alors que Vince a passé son temps à faire les cent pas dans la chambre en répétant : « Fait chier, ça devrait pas arriver, fait chier ! »

Heureusement, nous avons réussi à ajouter des figures à certains moments de la chorégraphie et finalement, c'est passé. Il était moins une malgré tout. Après notre premier saut libre, celui que nous avions modifié dans la chambre d'hôtel, on s'est retrouvés à la troisième place. Mais au fur et à mesure que la compétition avançait, les sauts imposés – pour lesquels nous avions réalisé la combinaison présélectionnée par les juges un nombre de fois hallucinant, et à chaque coup parfaitement – nous ont permis de rattraper notre score. Nos sauts libres s'amélioraient aussi, et nous avons même réussi à obtenir le meilleur score lors du dernier, pour finir en beauté et asseoir notre suprématie. Ç'a été notre compétition la plus difficile, mais nous avons réussi à rester soudés et solides et nous en étions fiers. Les Norvégiens étaient dégoûtés, car eux aussi avaient annoncé que c'était leur dernière compétition. C'était leur ultime opportunité de nous battre. Mais nous sommes restés invaincus.

À peine la fête de fin de compétition terminée, nous étions déjà dans un avion pour Chicago afin de participer au record du monde de tête en bas. Cette année-là, nous avons réalisé pour la première fois une formation de plus de 100 parachutistes, tous accrochés, tête en bas !

Nous sommes ensuite retournés à Empuriabrava où nous nous sommes un peu reposés. Un jour, Vince est venu me voir avec une sale tronche. Il m'a annoncé : « Cathy sort avec Stéphane. » Au début je n'ai rien compris, j'ai pensé à un autre Stéphane mais Vince m'a corrigé : Stéphane Fardel.

Notre monde s'est écroulé. Steph était notre grand frère et on le respectait énormément. Je lui étais reconnaissant de m'avoir donné ma chance au début. C'était en partie grâce à lui que j'étais entré en équipe de France et il m'avait beaucoup appris en *freefly*. On était devenus des amis proches à force de vivre dans la même maison. Je ne m'attendais pas à ce qu'il nous fasse ça. Il savait que Vince était encore amoureux d'elle, mais il n'en avait rien à foutre. Je pense que, dans le fond, il était extrêmement jaloux de Vince qui, contrairement à lui, était aimé de tous et réussissait tout. Il ne s'est pas contenté de blesser Vince, il a fait du mal à Babylon. Nous étions une vraie famille, on avait passé presque dix ans sur un nuage tellement agréable. En plus, il était à l'origine de tout ça. Il entretenait cette idée, sauf qu'on ne se comportait pas ainsi avec sa famille. C'est la personne qui m'a le plus déçu de toute ma vie.

Après cet épisode, Vince m'a dit qu'il ne pouvait pas rester à Empuriabrava. Je lui ai répondu que s'il partait, j'irais avec lui. Le plus important pour nous était de rester ensemble. J'avais 30 ans, Vince, 25, nous quittions tous les deux notre maison. Le départ a été douloureux, surtout dans ces conditions, mais nous sommes partis la tête haute, invaincus et persuadés que nous allions accomplir de grandes choses. Et nous avions notre petite idée de ce que nous réserveraient les mois suivants.

# 8.

Quelques mois plus tôt, lors d'un record de *freefly* à Empuriabrava, Håvard Flaat, un membre de l'équipe norvégienne et notre ami, est venu nous voir entre deux sauts avec son ordinateur portable. Il nous avait déjà parlé des falaises immenses de son pays. Il nous décrivait des murs parfaitement raides de près d'un kilomètre de haut qui entouraient des fjords et desquels il fallait absolument que l'on saute en *base-jump*. Håvard a lancé deux vidéos. On le voyait avec deux de ses amis réaliser un *base-jump*. Ils partent, sautent et tombent. Sauf qu'ils continuent de tomber, sans jamais s'arrêter avec une face rocheuse sombre et imposante qui défile en arrière-plan. Ils réalisent ensuite quelques figures de *freefly* et au bout d'une trentaine de secondes, ils ouvrent leurs parachutes. Vince et moi étions choqués. En *freefly*, les positions sont plus rapides que lorsqu'on est à plat ventre et donc pour réaliser des figures depuis des falaises, il fallait vraiment qu'elles soient immenses. C'était hallucinant ! Mon regard et celui de Vince se sont croisés : on savait tous les deux qu'on allait partir en Norvège, et très vite.

Les quelques tentatives timides de *freefly* à partir des falaises de nos amis norvégiens nous avaient impressionnés et nous nous sommes rendu compte du potentiel des lieux. Nous avions accumulé au fil des années plusieurs centaines de sauts de *base* (nous ne comptions plus à ce moment-là) et tout autant d'expériences. Nous avions aussi à notre actif presque 6 000 sauts de *freefly* ensemble et des centaines d'heures en soufflerie. Nous savions donc que nous avions l'entraînement et l'expérience nécessaires pour réaliser des figures de *freefly* depuis des falaises. C'était la suite logique de notre carrière et nous voulions pousser le niveau de la discipline que nos amis norvégiens avaient inventée. Après des années de compétition, nous souhaitions explorer toutes celles que nous maîtrisions, les mélanger, les combiner, sans cesser une seconde de nous amuser et de prendre du plaisir. Nous voulions simplement devenir la deuxième génération des Soul Flyers.

En 2007, les Soul Flyers d'origine n'existaient plus. L'équipe pilotée par Loïc s'était éteinte doucement avec la mort de Val Montant. Claud et Zun avaient pris leurs distances et il ne restait finalement que Loïc qui, avec l'aide de ses sponsors, organisait toujours des voyages. Mais cela avait pris fin en décembre 2007 alors qu'il était en Nouvelle-Zélande pour un événement qui regroupait plusieurs disciplines aériennes. Après un grave accident de *speed-flying*, il avait failli finir paralysé. Cela a signé la fin définitive des Soul Flyers, jusqu'à ce que Vince et moi recontactions Loïc trois ans plus tard.

Nous étions amoureux de la philosophie des Soul Flyers : réaliser des rêves pour le kif, et les partager avec le monde entier. Il n'y avait pas de pression, de juges, de hiérarchie, juste une bande d'amis qui s'amusait et mélangeait les disciplines pour réaliser de belles images. Cela nous ressemblait, nous adorions pratiquer un peu de tout : du *base*, du *freefly*, du *wingsuit* ou du *speed-riding*. Nous aimions bien le nom, Soul Flyers, car nous étions des *flyers* dans l'âme. Notre place était dans l'air. Voler nous procurait un sentiment d'appartenance que l'on n'éprouvait pas sur terre. Il n'y avait que de la joie et du beau, là-haut. C'était chez nous. Lorsque nous en parlions, Vince et moi, assis dans notre canapé à Empuriabrava pendant que nous préparions notre départ, il m'a dit : « On devrait appeler Loïc pour lui demander de reprendre le nom. » Ni une ni deux, nous l'avons fait et avons obtenu son accord. Nous pouvions désormais nous appeler les Soul Flyers.

Il nous fallait réaliser des projets dignes de ce nom, mais nous manquions cruellement d'argent. Nos années à Empuriabrava avaient été payées au black et nous n'avions aucune économie. Les premiers voyages des Soul Flyers avaient été sponsorisés par Salomon, nous devions donc nous mettre en quête d'un sponsor. Lorsque nous avons arrêté la compétition, la marque de boissons énergisantes Red Bull était arrivée sur le marché français avec grand fracas en 2008, en organisant un *base-jump* illégal depuis le haut de la tour Eiffel, ce qui avait moyennement plu aux autorités et avait quelque peu abîmé l'image de la marque auprès du grand public. Mais dans notre monde, ainsi que dans tous les autres sports dit extrêmes, le fait d'avoir un contrat Red Bull et de pouvoir porter un casque et des casquettes aux couleurs de la marque était un gage de talent et de réussite. Seuls les meilleurs de chaque discipline décrochaient ce précieux sésame. Et surtout, un contrat avec Red Bull, c'était la possibilité de financer nos rêves les plus fous, dont les images servaient ensuite à promouvoir la boisson.

Malgré nos trois titres de champions du monde, il nous manquait un peu de matière pour signer. Nous nous sommes alors tournés vers notre projet norvégien.

Nous voulions nous rendre au Troll Wall, une falaise mythique de 1 700 mètres avec des murs verticaux de 1 000 mètres. Un kilomètre de vide, une distance suffisante pour réaliser toutes sortes de figures de *freefly*. Nous voulions filmer nos exploits, aussi fallait-il que nous trouvions une équipe de tournage. À cette époque, nous avions des GoPro (de petites caméras que nous attachions à nos casques), mais ce ne serait pas suffisant. Dans la mesure où Vince et moi réaliserions ensemble des figures de *freefly* depuis les falaises, nous devions trouver un troisième membre pour nous filmer, exactement comme en compétition. Il nous fallait quelqu'un qui n'ait pas froid aux yeux, qui soit capable de s'élancer d'une falaise et ait la présence d'esprit nécessaire pour maintenir le cadrage de la caméra, en bref, un excellent technicien avec un brin de folie.

En 2008, nous avions rencontré Jean-Philippe Teffaud, un puriste du *base-jump*. Ce n'est pas quelqu'un qui saute de falaises pour impressionner les autres, pour se mettre en avant dans une vidéo ou pour prouver son courage. Il pratique ce sport uniquement parce qu'il l'aime profondément. Son rapport au *base* est le même que le mien avec le *freefly*. Il connaît l'histoire du sport par cœur, chaque personnage, chaque falaise. Quand Vince et moi l'avons rencontré, il avait 21 ans, soit huit de moins que moi. Il était plus jeune et ça se sentait. Comme il était un peu naïf, nous nous amusions à lui faire croire tout et n'importe quoi. Néanmoins, sa maturité nous a bluffés. Il était extrêmement méthodique dans sa préparation et son pliage. Comme nous, il respectait énormément son matériel. Cela peut sembler tomber sous le sens dans un sport où la survie dépend du matériel, mais beaucoup de pratiquants étaient très « détendus » par rapport à la qualité de leur pliage ou l'état d'usure de leur voile. Jean-Phi n'était pas fait de ce bois-là : si un de ses plis n'était pas parfait, il était capable de tout recommencer. C'était un extrémiste du *base* qui n'avait pas un rond mais dont la vie entière tournait autour de cette activité. Il avait les cheveux longs et était passionné de musique black metal ce qui lui a valu le surnom de Black Death. En plus d'être son surnom, « Black Death » était une expression incontournable pour nous : on l'utilisait pour décrire, toujours sur le ton de la rigolade, un saut particulièrement technique ou qui nous avait donné très chaud ou fait très peur. Ça venait d'une expression américaine : « *Blue sky, black death* », une façon de rappeler que malgré le beau temps et le ciel bleu, il faut toujours rester vigilant parce que c'est à ces moments-là que les accidents peuvent arriver. C'était une façon pour nous de nous approprier le risque et le danger. Attention, ce n'était en aucun cas une manière pour nous de « défier la mort ». D'ailleurs, je n'ai jamais aimé cette idée de « tromper la mort » ou de la « défier », qui était aux antipodes de notre but. Nous voulions vivre longtemps pour pratiquer le *base* le plus possible.

Malgré tout, la mort était un sujet tabou car en parler ouvertement impliquait de la considérer comme une éventualité. Nous n'avons évoqué le sujet qu'une fois avec Jean-Phi. Nous étions tous les deux en train de nous préparer pour un *base* en haut d'une falaise quand il s'est arrêté et m'a demandé : « Tu n'as jamais eu envie de sauter sans parachute, juste pour connaître la sensation que ça procure ? » Ça m'a surpris, je trouvais cette question bizarre. La vérité, c'est que l'idée ne m'avait jamais traversé l'esprit. Depuis, j'y pense assez souvent. C'est un syndrome assez courant baptisé l'appel du vide. Il peut survenir lorsqu'on est sur un balcon assez élevé et qu'on a une soudaine pulsion de sauter. On ne le fait pas parce qu'on est conscient des conséquences, mais une sorte d'ivresse nous prend dans ces moments-là. On prend vraiment conscience que la vie ne tient qu'à un fil. Je pense que c'est de ça que parlait Jean-Phi ce jour-là.

Jean-Phi avait donc ce côté metal, extrême et brutal. Mais c'était aussi un poète, toujours à la recherche d'esthétique. Il voulait être beau dans l'air, voler avec élégance, et pour y arriver il avait pris des cours de plongeon aquatique artistique afin de travailler le placement de son corps dans l'espace et d'appliquer ces leçons aux sauts de falaises. Il personnifiait parfaitement le sport : un artiste un peu bourrin. Il adorait filmer et prendre de belles photos. Il fallait un niveau très élevé pour être assez à l'aise lors de ces sauts et prendre une photo ou cadrer correctement. Jean-Phi y arrivait. Il avait beaucoup moins d'expérience que nous, mais à chaque fois que nous nous retrouvions pour faire du *base*, il s'améliorait. À part avec Vince, je n'ai jamais sauté avec quelqu'un qui avait une telle soif d'apprendre et qui progressait aussi vite. En 2010, on lui a donc proposé de rejoindre l'équipe et de devenir notre caméraman aérien en Norvège. Il était sur un nuage. Les falaises norvégiennes étaient son Eloy. C'était la Mecque du *base-jump* et il rêvait de s'y rendre. Il a accepté sur-le-champ.

Début 2010, Vince et moi nous sommes rendus à la première compétition de *speed-riding*, le Speed Flying Pro Les Arcs, organisée par Dino Raffault. Après la remise des prix – Antoine Montant était le vainqueur tandis que Vince était également sur le podium –, une longue et belle soirée a commencé, au cours de laquelle nous avons échangé avec Dino sur ce qui s'était passé pour nous ces derniers mois : la fin de la compétition, le départ d'Empuriabrava, la reprise du nom des Soul Flyers, nos plans pour l'avenir, et surtout notre séjour en Norvège pour y faire du *freefly* en *base-jump*. Il a tout de suite compris à quel point notre projet était dingue. Il avait à son actif plusieurs centaines de sauts en parachute et connaissait très bien le *freefly* et le *base*. Lui aussi était allé en Norvège, il connaissait les falaises. Il nous a demandé qui allait nous filmer, et nous lui avons naïvement répondu qu'on aurait des GoPro sur nos casques et que Jean-Phi nous filmerait dans l'air.

Dino a répondu : « C'est tout ? Personne au sol ? » Il nous a expliqué qu'il fallait absolument filmer tout ça et s'est porté volontaire. Cela nous arrangeait grandement car, en plus d'organiser des événements, Dino avait été caméraman pour certaines des vidéos de la première génération des Soul Flyers. Il s'est donc engagé à nous filmer et à monter une vidéo à la fin, à condition d'être défrayé.

Nous étions ainsi parés d'un caméraman dans les airs, et d'un autre sur la terre ferme. Nous voulions que cette vidéo retranscrive à l'écran la joie que nous procurait le fait de réaliser ensemble ce projet. Il fallait juste trouver comment le financer. Nous avions décroché grâce à Dino un contrat de sponsoring avec les marques de lunettes de soleil Julbo et de vêtements Columbia. Je me souviens parfaitement de la signature de notre contrat avec Julbo : il était écrit noir sur blanc que nous étions « *base-jumpers* professionnels », ça nous a marqués. Je suis encore sous contrat avec eux aujourd'hui, je leur suis reconnaissant de nous avoir donné notre chance au début. Il s'agissait néanmoins d'un petit contrat et à part des lunettes et des vêtements, on n'avait pas assez pour financer notre voyage. Puisque Red Bull n'était pas encore envisageable, nous devions trouver une alternative.

Heureusement, le tournage de *Largo Winch II* avec Tomer Sisley nous a sauvés. Nous avons été embauchés, Vince, moi et d'autres membres de l'équipe Babylon pour réaliser la scène de parachutisme du film. Vince et moi allions doubler les deux acteurs principaux lors d'une scène de combat en chute libre. Les 10 000 euros chacun que nous avions perçus allaient payer notre voyage et défrayer Jean-Phi, Dino et Philippe, un caméraman supplémentaire, ami de longue date, venu avec son propre van et sa copine. Fin juin, nous nous sommes rendus à Annecy pour louer un camping-car avant de passer rapidement à Empuriabrava récupérer de l'équipement et faire les courses pour les trois semaines que nous allions passer en Norvège. Nous n'étions pas de fins gastronomes, nous sommes donc repartis à Annecy avec du Nutella, des bonbons, des conserves de cassoulet et d'autres cochonneries. Quand Dino a vu la nourriture, il a ri jaune en nous demandant ce que c'était que cette « bouffe Eco+ ». C'est ainsi que nous sommes partis pour la Norvège.

Notre première halte en Norvège était Kjerag. C'est un spot mythique de *base-jump*, situé au sud-ouest du pays, au bord du Lysefjord, un fjord de 42 kilomètres de long, bordé par des falaises qui peuvent atteindre jusqu'à 1 000 mètres de haut. La falaise de Kjerag mesure 900 mètres avec 600 mètres de roche verticale avant un petit dénivelé qui l'emmène jusqu'au fjord. Ce sont d'immenses murs gris foncé et intimidants. Kjerag est connu pour son rocher rond coincé entre deux falaises avec plusieurs centaines de mètres de vide en dessous et sur lequel les touristes se font photographier. Ce n'est pas un endroit très accessible. Pour s'y rendre, nous avons garé le camping-car à Lysebotn, un village situé à 2 kilomètres du mur, de l'autre côté du fjord. Il fallait compter deux heures et demie de marche pour rejoindre le sommet. Après le saut, un bateau qui traversait le fjord deux fois par jour nous permettait de rejoindre le camping. Au bout de quelque temps, Vince et moi avons compris qu'après notre deuxième saut, nous avions encore le temps de monter pour sauter une dernière fois d'un autre endroit avec nos *wingsuits* et planer au-dessus du fjord pour rentrer.

Un *base-jump* « normal » est impressionnant, le mur n'est qu'à quelques mètres et le sol se rapproche à toute vitesse. Mais réussir à réaliser des figures de *freefly* dans ces conditions est réservé aux experts. Une fois en haut de Kjerag, la vue était à couper le souffle. Nous ne nous étions jamais retrouvés aussi haut, debout, avec le vide à nos pieds. En penchant la tête, on pouvait apercevoir la falaise se jetant dans le fjord qui s'étendait sur des kilomètres. Sauter de cet endroit était complètement fou. À partir d'une falaise de 900 mètres, nous avions environ 20 secondes de chute libre. Mais pendant les premières, la vitesse n'était pas encore assez élevée pour nous permettre d'avoir des appuis sur l'air et de se déplacer. Nous partions donc en courant et en nous tenant les mains. Lorsque la vitesse commençait à être suffisante pour nous lâcher et entamer les figures, il restait 15 secondes et nous étions à 800 mètres du sol.

On pouvait réaliser un tour sur la tête (une vrille synchronisée tête en bas) par exemple. Huit secondes, 600 mètres du sol. Plus le temps passait, plus on accélérait. Ensuite, on se mettait tous les deux sur le dos en se regardant, les pieds vers le mur. Six secondes, 400 mètres du sol. Enfin, pour ouvrir nos parachutes en sécurité, il fallait qu'on s'éloigne les uns des autres en dérivant. Trois secondes, 200 mètres. Ouverture du parachute en simultané. Une seconde, 100 mètres. Décharge d'adrénaline. Hurlements de joie. Une seconde de plus et c'était fini.

Pendant ces sauts, comme nous étions souvent à l'envers, nous ne regardions pas le sol et devions en conséquence estimer le temps qui passait. C'était le plus dur. Heureusement, nous nous connaissions par cœur et savions combien de temps prenaient nos différentes figures. Mais la marge d'erreur existait bel et bien, même si elle était faible. Par conséquent, nous ne pouvions pas nous permettre la moindre microseconde d'hésitation. Nous avions donc préparé et briefé méticuleusement chaque saut. Si le moindre geste n'était pas parfait, nous abandonnions et dérivions pour ouvrir nos parachutes. C'était la règle absolue, même si elle était frustrante, puisqu'à chaque fois, cela voulait dire que nous avions marché deux heures et demie pour rien. Ce que nous voulions faire était tellement pointu qu'il était inutile de prendre des risques supplémentaires.

Nous avons essuyé quelques jours de mauvais temps durant notre séjour à Kjerag. Dino les a mis à profit pour avoir une sacrée bonne idée. Il trouvait très drôle mon nom de famille qui lui rappelait le chanteur Michel Fugain, et son célèbre *Fais comme l'oiseau*. Il a trouvé amusant de faire un lipdub (un clip où l'on mime les paroles pour donner l'impression que c'est nous qui chantons) de cette chanson. Il a donc préparé un script sur son iPad, en répartissant les paroles entre Vince, Jean-Phi, Philippe le caméraman et moi. Dino surgissait à n'importe quel moment armé de sa caméra et de son iPad et nous ordonnait de chanter, au débotté, un couplet. Il nous demandait tout et n'importe quoi, comme d'enfiler nos *wingsuits* dans le camping et de marcher comme des pingouins, les bras écartés, en mimant les paroles. Ça ne s'arrêtait plus. Il voulait que, juste après avoir réalisé l'un des sauts les plus extrêmes de notre vie, les corps noyés d'adrénaline, nous chantonnions les paroles de cette maudite chanson : « Mais je suis seul dans l'univers... » en regardant les GoPro attachées à nos chevilles. C'était absurde mais tellement drôle.

Il nous a bien fait chier avec son lipdub, Dino, mais qu'est-ce qu'on s'est marrés avec sa vidéo. Elle est sur YouTube, et Michel Fugain a même commenté : « Bravo les gars, c'est partagé sur ma page Facebook. Vous nous avez tous fait bien rire. Vous êtes des fous, c'est génial. » La consécration.

Nous avons ainsi passé beaucoup de temps à Kjerag, essentiellement parce que l'on a pu y faire beaucoup de sauts. Cependant, Kjerag n'était qu'une mise en bouche ; l'étape suivante était bien plus intimidante : le Troll Wall, situé dans l'est du pays.

La mythologie norvégienne fait la part belle aux trolls. Il n'y a pas de fjords au Troll Wall. Il s'agit d'une vallée entourée par les plus hautes falaises d'Europe. À l'ouest, un mur gigantesque de 1 000 mètres s'élève, en haut duquel plusieurs flèches rocheuses et pointues semblent tenir en équilibre au-dessus du vide. Ces formations seraient, selon la légende, les chapeaux de trolls qui, après une soirée arrosée, ne seraient pas redescendus sous terre avant le lever du soleil et auraient donc été figés sur place par la lumière pour l'éternité.

Il fallait compter deux jours de voyage pour s'y rendre depuis Kjerag. À peine arrivés, nous avons ressenti une ambiance oppressante. On aurait dit une sorte de forteresse, un peu comme le Mordor dans *Le Seigneur des anneaux*. La roche est noire et ténébreuse. La face nord du mur qui ne voit presque jamais le soleil est particulièrement imposante et effrayante. C'est un endroit auquel je suis très attaché car il est très spirituel. C'est aussi ici que Carl Boenish, le père du *base-jump*, a trouvé la mort en 1984, après un saut.

Nous voulions commencer, pour nous faire la main, par un premier saut sur 800 mètres de verticale. Il y avait plusieurs points de départ sur le mur et c'était le plus court. Pour y arriver, il fallait marcher trois heures et demie ; nous ne pouvions donc faire qu'un saut quotidien. Après quelques sauts depuis ce spot, histoire de nous habituer au coin, nous avons ajouté une heure de marche et un peu d'escalade pour atteindre le Troll Spire, le point surplombant la plus haute verticale, tout en haut du chapeau du plus grand troll. À cet endroit, la roche est coupante, violente, agressive, comme si elle ne voulait voir personne. C'était si instable qu'on se demandait comment la montagne faisait pour tenir. Sous nos pieds, un mur raide d'un kilomètre nous invitait à sauter. La mise en place à l'exit (terme désignant un point de départ de *base-jump*) n'était pas comme à Kjerag. Nous étions sur un plateau et avions la place pour courir afin de nous éloigner dès le départ du mur. Au Troll Spire, lorsque nous étions en haut de la pointe, nous tenions presque en équilibre. En dessous, le mur était tout droit. Il fallait donc commencer le saut par dériver pour s'en éloigner.

En *freefly*, une figure se démarque des autres. C'est peut-être la plus difficile, qui nécessite une précision absolue pour y arriver : le tête-à-tête. Elle consiste en un membre de l'équipe, tête à l'endroit et, au-dessus de lui, son coéquipier, la tête à l'envers. Tous deux doivent se toucher le haut du crâne sans se tenir avec les bras. C'est extrêmement difficile. C'était néanmoins notre signature, Vince et moi, maîtrisions parfaitement cette figure inventée par Loïc et Nico, et que nous avions reprise et fait évoluer lors de nos années de compétition. Nous étions arrivés au Troll Wall avec la ferme intention de tenter un tête-à-tête. C'était la seule falaise assez haute pour nous permettre d'y arriver.

Nous avons fait une tentative depuis le Troll Spire, mais c'était difficile. Entre le temps, le mur noir qui défilait à toute vitesse à quelques mètres de nous et le stress, nous n'avons pas réussi. Toutefois, après avoir atterri dans le camping situé au pied du mur, nous étions persuadés que c'était possible. Mais pas cette fois-ci, car après trois semaines de sauts de folie, il était temps pour nous d'enlever nos harnais, de replier nos parachutes, et de nous préparer à faire la fête dans notre camping-car, sous le regard des trolls qui nous surveillaient, avant de repartir. Cette fête compte parmi les meilleures de mon souvenir car nous y avons célébré l'avenir, l'aboutissement d'un rêve, et tous ceux à venir. C'étaient les premiers pas de nos vies de Soul Flyers. Nous avions tout quitté à Empuriabrava et ce voyage en Norvège était comme une bouteille à la mer. Nous ne savions pas où tout ça allait nous mener, mais lors de cette soirée, enivrés et heureux, nous étions persuadés que ce serait là où nous voulions.

# 9.

À peine rentrés de Norvège, nous avions envie d'y retourner afin de réussir enfin ce difficile tête-à-tête. Mais nous étions à court d'argent et, en l'absence d'un sponsor, nous avons continué à dispenser des cours en groupes sur les dropzones et en soufflerie en cette année 2010. De temps en temps, des marques qui organisaient des événements nous contactaient pour réaliser des sauts de démonstration en vue de distraire les foules. Pendant l'un d'eux en juillet, Vince a raté un atterrissage et s'est fait mal à la cheville. Les médecins lui ont découvert une fissure à la malléole gauche. Il ne s'était pas raté, la blessure nécessitait la pose d'une vis. C'était tellement bête, il s'en est beaucoup voulu. Nous espérions surtout qu'il récupérerait pleinement avant septembre, car nous avions été embauchés pour une démonstration de *wingsuit* suivie d'une chorégraphie sous voile à l'occasion de la coupe Icare, un rassemblement autour du vol libre à Saint-Hilaire-du-Touvet. Vince tenait à faire cette démo, mais plus la date approchait, plus il était clair que sa cheville ne serait pas rétablie à temps. Il se sentait assez en forme, alors on a décidé d'y participer tout de même.

Après avoir convaincu la personne chargée de laisser monter les parachutistes dans l'avion que, malgré les béquilles qu'il utilisait, Vince était en état pour s'entraîner, nous avons fait plusieurs sauts d'échauffement qui se sont bien passés même si Vince atterrissait sur un pied. Nous avons donc annoncé aux organisateurs que nous étions prêts pour la démo.

Dans l'hélicoptère, nous avons demandé à la radio qu'on nous indique le sens et la force du vent sur le lieu d'atterrissage, car lors d'un poser sous voile, il faut atterrir face au vent afin de pouvoir ralentir. Cela est d'autant plus important quand on veut faire d'immenses *swoops* (longer à haute vitesse le sol sous voile sur une distance importante avant de se poser) comme nous en avions l'habitude. On nous a indiqué le sens et nous avons sauté. Nous avons volé un peu en *wingsuit* ensemble, nous tournant autour avec des fumigènes accrochés aux chevilles pour que nos trajectoires s'inscrivent dans le ciel, avant d'ouvrir nos voiles et de nous suivre l'un l'autre, réalisant le dernier virage serré, puis attaquant le sol pour réaliser le *swoop*. Mais au moment de commencer le *swoop*, nous avons compris que les informations que l'on nous avait transmises étaient fausses : le vent venait de la direction opposée à ce qui nous avait été indiqué. Résultat : nous avions le vent dans le dos et allions beaucoup trop vite. Malgré la difficulté, j'ai réussi à me poser sans incident. Mais le pauvre Vince, voulant protéger sa cheville fragile, a tenté d'atterrir sur le pied gauche et a glissé. Son pied s'est pris dans un trou sur le terrain devant quelques centaines de spectateurs et il s'est écroulé par terre en hurlant de douleur. Je me suis empressé de le rejoindre, il répétait : « J'ai tout pété, ma cheville est détruite ! » Les pompiers sont arrivés et lui ont donné de la morphine mais ça ne lui faisait rien. À l'hôpital, on a compris pourquoi : il s'était broyé la cheville, à tel point qu'il était question d'amputation. C'est horrible de voir son copain souffrir autant sans pouvoir faire quoi que ce soit. On l'a opéré, et il s'est retrouvé avec quatorze plaques et vis pour tenter tant bien que mal de faire tenir l'ensemble. Lorsqu'il est rentré chez nous (nous habitions chez moi avec Élodie, ma copine de l'époque), il a passé la nuit à souffrir. Les cachets qu'on lui avait donnés ne le soulageaient en rien. Ni l'un ni l'autre n'avons fermé l'œil de la nuit.

C'était la première fois que nous devions affronter une blessure de cette ampleur. Je m'étais méchamment luxé l'épaule en 2007 lors d'une session de soufflerie, mais ce n'était pas grand-chose comparé à la cheville de Vince qui était sérieusement mal en point. Il était persuadé que ses blessures aux deux chevilles étaient la conséquence de ce qui s'était passé à Empuriabrava avec Stéphane et Cathy. Notre sport demande un tel niveau de concentration que le moindre souci dans notre vie personnelle peut avoir de lourdes conséquences. Lorsque nous sautons, nous devons avoir l'esprit totalement tranquille, rien ne doit venir nous perturber puisque notre survie dépend en grande partie de notre niveau de concentration. Nous avions constaté qu'à chaque fois que nous

nous étions gravement blessés, nous avions des soucis avec nos copines respectives.

Nous espérions que Vince serait rapidement d'aplomb afin de poursuivre notre route. Il s'était fixé comme objectif d'être sur pied en février 2011 pour un voyage que nous avions prévu en Australie. Mais sa cheville avait du mal à cicatriser. C'est un endroit du corps avec très peu de chair, et tout aussi peu de sang y circule.

Heureusement pour nous, la cheville de Vince était suffisamment rétablie pour maintenir ce voyage. Il est donc parti avec une voile école. Très grandes et lentes, ces voiles permettent de se poser en douceur. Après avoir mené à bien dans des conditions optimales le premier stage de *freefly* à Melbourne, nous sommes partis à l'aventure trois semaines durant. Pendant notre road trip, nous avons été contactés par Roger Mulckey, propriétaire d'une petite dropzone avec deux Cessna (des petits avions) à côté de Byron Bay, qui nous a invités. Situé à deux heures de route de Brisbane, Byron Bay est très connu pour ses immenses plages de sable fin et blanc et sa communauté de surf. Nous avons accepté cette halte et avons passé deux jours sur la dropzone de Roger. Nous étions heureux en Australie, notre sport nous faisait voyager et on adorait ça. Dans tous les pays où nous avons eu la chance d'aller, nous avons passé la majorité de notre temps sur des dropzones, mais c'était très différent à chaque fois. D'un pays à l'autre, bien que l'activité soit la même, ce n'est pas le cas des gens et tout ce qui entoure nos sauts change.

Nous sommes rentrés en Europe en mars 2011. Après un peu de repos, nous nous sommes penchés sur l'organisation de notre retour en Norvège. C'étaient les débuts de la vidéo sur le Web et la mode des « webzodes », des films de quelques minutes bien montés avec de la musique qu'on regardait sur YouTube, Facebook et Dailymotion. Les trois webzodes de notre premier voyage en Norvège étaient sortis quelques mois auparavant, en octobre, et avaient bien tourné. Les internautes n'en revenaient pas et disaient qu'ils n'avaient même pas envisagé que faire du *freefly* en *base-jump* était possible. Nous étions fiers mais aussi un peu frustrés. La dernière fois, même si nos figures laissaient bouche bée, il manquait le bouquet final : le fameux tête-à-tête. Nous avons donc décidé de retourner en Norvège, directement au Troll Wall. Notre seul but était de réaliser ce fameux tête-à-tête. Nous avons décidé de ne pas nous embêter avec une production et un camping-car comme l'année précédente (on avait aussi moins d'argent), nous avons opté pour le trajet en avion et la location d'une voiture. Antoine Montant et d'autres amis, qui voulaient sauter de ces falaises, étaient de la partie.

Le premier jour, il nous a fallu cinq heures de marche pour atteindre le haut du mur. Le pauvre Vince a souffert le martyre tout au long de cette ascension, sa cheville était pleine de métal et ne bougeait pratiquement pas, mais il a serré les dents.

Pour réussir le tête-à-tête, il y a plusieurs étapes. Il faut sauter à plat ventre et attendre d'avoir assez de vitesse et d'appuis sur l'air pour dériver et s'éloigner de la façade : 5 secondes. Ensuite, on s'attrape les mains et on bascule nos deux têtes vers le bas tout en se tenant. Ce sont les quelques secondes les plus effrayantes, car on se trouve dans une position aérodynamique et on accélère rapidement. Le mur défile à toute vitesse et on ne voit pas le sol. Nos corps nous hurlent qu'il faut cesser cette folie, dériver et ouvrir les parachutes, mais ce n'est que le début. Il faut prendre sur soi et poursuivre la manœuvre. Pendant que Vince maintient une position tête en bas stable, je me retourne pour me retrouver la tête en haut, tout en tenant ses mains : 3 secondes. On se stabilise : 2 secondes. On lâche les mains qu'on écarte vers le côté et on se retrouve tous les deux à tomber vers le sol à presque 300 kilomètres à l'heure, reliés seulement par le haut de nos casques. Cet instant ne dure qu'une seconde, le temps de prendre une photo. Enfin, il faut se séparer et prendre de la distance par rapport à l'autre pour ouvrir les voiles. Le tout dure une vingtaine de secondes.

Mais ce n'est que de la théorie. Dans la pratique, lors de notre premier saut, dès notre première impulsion, on a senti un décalage. Il était minuscule, un dixième de seconde peut-être. Dans n'importe quel autre contexte, nous aurions pu le rattraper, mais pas ici, pas au Troll. Nous nous sommes saisi les mains et un seul regard échangé nous a suffi pour savoir que c'était terminé. Nous avions raté, ce qui voulait dire que nous avions marché cinq heures pour rien et avions perdu une journée. Nous nous sommes alors retrouvés à dériver tout le temps du saut, bêtement. Nous étions terriblement déçus.

Le lendemain, nous avons recommencé. Lors de ce deuxième saut, le timing était bon et nous respections le briefing à la lettre. Au moment de lâcher nos mains, nos têtes étaient parfaitement reliées. Nous avons terminé et ouvert nos parachutes, fiers de nous. Enfin, nous avions réussi cette satanée figure. Nous avons hurlé de joie sous nos voiles. Restait quand même à savoir si Jean-Phi avait réussi à immortaliser ce moment…

Dès qu'on a atterri, Jean-Phi s'est précipité pour enlever son casque et saisir son appareil photo. Il a brisé le silence d'un laconique : « J'ai une photo. » Encore heureux ! Mais était-elle nette ? Jean-Phi a alors zoomé avant de lever la tête : « Je crois qu'elle est bonne. »

Elle n'était pas juste bonne, sa photo. Je pense honnêtement que Jean-Phi avait pris LA plus belle photo de *base-jump* de tous les temps, et je ne dis pas ça parce qu'on était dessus ou que c'était mon ami. C'est tout simplement une image parfaite. Il était positionné au bon endroit dans l'air pour saisir cet instant. On nous voit, tête contre tête, bras écartés, nos hauts rouges et nos pantalons noirs décorés du logo des Soul Flyers, qui se plissent avec le vent. Derrière nous, la falaise sombre et menaçante qu'on nargue en réalisant cette figure sous son nez. Il n'y a pas un bout de ciel sur cette photo, seuls nous deux et du caillou.

Encore aujourd'hui, elle me suit partout, car en plus d'être magnifique, elle symbolise la réussite de l'un de nos premiers rêves et notre ambition à tous les deux.

On espérait que l'image, ainsi que la vidéo qui l'accompagnait, allait nous aider à montrer à Red Bull de quoi on était capables. À l'issue de ce voyage, les négociations pour un éventuel contrat ont progressé. En juin, l'équipe de Red Bull France nous a proposé de faire une démo de parachutisme à La Rochelle à l'occasion du Red Bull Cliff Diving, une compétition de plongeon artistique depuis des tremplins à 27 mètres. Sur place, le vent était très fort. Beaucoup trop fort, même, et juste avant l'heure prévue pour le saut, on a annoncé aux organisateurs que c'était trop dangereux et qu'on allait s'abstenir. Ça nous a contrariés, tous les seniors de Red Bull France étaient là et on voulait vraiment leur montrer ce que nous savions faire. Mais avec le recul, j'imagine que nous avons marqué beaucoup de points ce jour-là. En refusant de prendre ce risque, on leur a prouvé qu'on faisait primer notre sécurité et qu'on n'était pas des têtes brûlées. Pourtant, ils étaient encore un peu réticents. Olivier Guiraud, l'athlète manager de Red Bull, nous aimait bien et nous avait fait comprendre qu'il voulait nous faire entrer dans la maison. Mais c'était encore un peu tôt, le *base-jump* avait toujours mauvaise réputation et il nous a proposé de patienter.

L'été est passé et les négociations avec Red Bull avançaient. Mais une fois de plus, la tragédie a frappé nos vies. Le 22 octobre 2011, j'ai appelé Antoine Montant pour lui proposer de me rejoindre le lendemain, avec d'autres amis, faire du *base-jump* dans le Vercors. Il a refusé, expliquant qu'il préférait faire un saut de *wingsuit* à Sixt-Fer-à-Cheval. C'était moins loin et il avait envie de tenter ce saut. J'ai essayé de le convaincre mais il a insisté, rappelant qu'il devait se rendre en Corse le lendemain et qu'il préférait donc éviter le trajet jusqu'au Vercors. Le lendemain, alors que nous étions en train de sauter dans le Vercors, Vince, qui n'était pas avec nous, a reçu un coup de fil d'Antoine. Il s'apprêtait à sauter et il avait une question par rapport aux réglages sur sa GoPro.

Un jour plus tard, j'ai reçu un appel de la sœur d'Antoine. Elle n'arrivait pas à le joindre et avait appris qu'il n'était pas arrivé en Corse. Elle m'a demandé si je savais où il était et je lui ai parlé de ce saut de *wingsuit* dans le cirque du Fer-à-Cheval. Elle s'est rendue sur place et a retrouvé la voiture d'Antoine vide sur le parking. Dès qu'elle nous l'a annoncé, nous nous sommes précipités à Sixt pour essayer de le retrouver. Il avait probablement tapé, mais nous espérions qu'il soit juste blessé, peut-être coincé dans des arbres, et que nous pourrions le retrouver à temps. Les secours ont été prévenus et le PGHM (Peloton de gendarmerie de haute montagne) a commencé des recherches en hélicoptère. La nuit venue, ils ont été obligés de rentrer tandis que nous avons continué, à l'aide de lampes torches, à fouiller la forêt en hurlant son prénom. Nous avons passé cinq heures, en pleine nuit, à crier en priant pour entendre une réponse, sa voix, un petit cri, quelque chose. Mais la nuit est restée désespérément muette. Le lendemain, Sébastien Collomb-Gros, un ami pilote d'hélicoptère et *wingsuiter* expérimenté qui avait déjà réalisé ce saut, a réussi à convaincre les gendarmes de l'emmener en hélicoptère pour qu'il puisse leur montrer où chercher. Il connaissait très bien la trajectoire qui avait dû être empruntée par Antoine. Après cinq minutes de survol de la zone, ils l'ont retrouvé. Il était allongé sur le ventre dans la forêt, les drisses de l'extracteur enroulées autour de son corps. Il avait 30 ans.

Vince et moi avons porté son cercueil dans l'église avant de l'enterrer à côté de son frère, Val.

Je m'en voudrai toute ma vie. Antoine n'avait pas beaucoup d'expérience en *base-jump* et nous n'avions de cesse, Vince et moi, de lui répéter qu'avant de faire des sauts de falaise en *wingsuit*, il devait encore s'entraîner en lisse et pratiquer la *wingsuit* depuis des avions. En plus, le saut sur lequel il s'est tué n'était pas facile. Ce n'était pas un saut de débutant et Antoine débutait en *wingsuit*. On s'en voulait de n'avoir pas été assez durs avec lui, on aurait dû lui dire plus clairement qu'il faisait n'importe quoi. Mais bêtement, parce que c'était Antoine la Charge Montant, l'homme doué dans tout ce à quoi il s'essayait, on s'est dit que ça irait, qu'il ne pouvait rien lui arriver. Même lorsque nous hurlions son prénom pour la millième fois, sans réponse dans la forêt, nous étions persuadés qu'il n'était que blessé. Il était trop doué pour mourir comme ça. Il était impensable qu'il commette une telle erreur.

C'était une leçon terrible : dans notre sport, nombreux sont ceux qui brûlent des étapes. Ils voient des vidéos et se disent qu'eux aussi peuvent y arriver sans imaginer une seconde les milliers de sauts d'entraînement nécessaires pour survivre. Mais le *base-jump* est une activité extrême où l'on est livré à soi-même. Il n'y a pas de fédération, pas de type qui exige de voir un permis avant de laisser quelqu'un s'élancer d'une falaise. Chacun peut acheter son équipement et sauter où il veut. Il faut avoir assez de recul sur son propre niveau pour ne pas se retrouver dans des situations où l'on risque un accident, voire pire. C'est cette liberté que j'adore dans le *base-jump* et qui, en même temps, est fatale à ceux qui ne sont pas assez prudents.

Depuis lors, Vince et moi n'avons plus hésité à pointer un problème du doigt. Il nous était totalement égal de blesser l'ego de quelqu'un qui s'apprêtait à tenter un saut pour lequel il n'était visiblement pas prêt. On préférait l'humilier que le voir se tuer. Il est tellement dommage d'avoir retenu la leçon d'une si tragique façon.

La mort d'Antoine nous a profondément affectés. Il était devenu, au fil du temps, un super ami, avec lequel nous avions accumulé de beaux souvenirs et de grandes aventures. Une semaine avant sa mort, nous avons sauté pour la dernière fois ensemble depuis un autre spot, pas loin du lieu où il s'est tué. C'est l'un des endroits les plus beaux du monde et nous avons passé une journée merveilleuse à marcher cinq heures tous les deux, à travers la Haute-Savoie qu'il aimait tant, avant de sauter ensemble.

C'est en cette triste fin d'année que l'on nous a proposé un contrat Red Bull pour 2012. Nous étions heureux, mais cette nouvelle avait un goût doux-amer, car l'un de nos rêves, en faisant enfin partie de l'équipe Red Bull, était de réaliser des projets avec Antoine. Une grosse part de notre euphorie s'était envolée avec lui.

# 10.

En arrivant à l'aéroport de Dubaï, lorsque l'on regarde à travers les grandes baies vitrées qui longent les couloirs, on voit au-delà du tarmac s'étaler le désert d'Arabie et ses dunes brûlantes. En plissant les yeux jusqu'à la ligne d'horizon, ondulée à cause de la chaleur, on remarque qu'elle est parsemée de gratte-ciel immenses sortis du sable en à peine vingt ans. Au milieu de toutes ces tours, une sorte d'écharde immense, comme plantée dans le sol, les surplombe toutes : la Burj Khalifa. 828 mètres de verre, d'acier, de magasins, d'hôtels cinq étoiles et d'appartements de luxe. C'est tellement grand qu'on se demande si l'on n'est pas face à un mirage.

Fin 2011, le prince de Dubaï, le Sheikh Hamdan bin Mohammed bin Rashid al-Maktoum, grand amateur de parachutisme, organisait un festival aérien auquel nous étions invités. L'année précédente, il avait inauguré l'une des premières dropzones du Moyen-Orient. Il avait découvert le sport quelques années auparavant et, pris d'amour, s'était promis de le développer pour les habitants de sa ville. Et puisqu'on ne fait jamais les choses à moitié dans ce pays, il avait immédiatement fait construire deux centres de parachutisme, l'un dans le désert et l'autre à côté de Palm Island, cette île artificielle qui, vue depuis le ciel, représente un palmier. Le festival auquel on était invités était organisé pour promouvoir ces dropzones et en faire parler. Mais je n'étais pas disponible, alors Vince y est allé seul. Dès qu'il a découvert la Burj Khalifa au loin, il n'a pu s'empêcher de rêver : un immeuble aussi haut ne pouvait avoir été conçu que pour en sauter, d'autant plus que sa hauteur était à peu près la même que celle des falaises de Kjerag depuis lesquelles nous avions réalisé des sauts quelques mois plus tôt. Ne pouvions-nous pas reproduire ces exploits ici ?

Dans le *base-jump*, certains des sauts les plus marquants sont ceux qui ont lieu depuis des immeubles, surtout la nuit. Mon septième saut, par exemple, restera gravé à tout jamais dans ma mémoire. Nous sommes en 2000 et j'escalade avec des amis la carcasse d'une tour inachevée à La Défense, l'actuelle tour EDF. On est en pleine nuit et à chaque nouvel étage dépassé, on sent l'adrénaline monter. Pour en arriver là, il a fallu éviter les gardiens, escalader les barrières et se faufiler à travers le chantier sans se faire repérer. Arrivé en haut, je me penche par-dessus le bord de la structure et je vois la zone d'atterrissage, 120 mètres plus bas, au milieu des tours. Devant moi, Paris et ses lumières s'étendent à perte de vue. Au loin, une partie du ciel est plus sombre. Après un éclair éblouissant, je comprends pourquoi : un immense orage se dirige vers nous. Je suis avec deux amis : Omar Alhegelan, un des pionniers du *freefly* avec lequel je fais alors équipe, et Seb, un pote avocat parisien que j'ai rencontré à La Ferté-Gaucher. Omar veut absolument sauter depuis l'immeuble, tandis que Seb me propose de nous lancer depuis le contrepoids de la grue accolée au bâtiment pour gagner de la hauteur et de la distance par rapport à la façade.

Tels des chats de gouttière, on traverse les barres de l'échafaudage qui relient la tour à la grue avant de continuer à monter à l'échelle. Arrivés au niveau du contrepoids de la grue, on comprend que l'orage arrive et on sent les premières bourrasques nous effleurer, quand on voit Omar sauter depuis l'immeuble et se poser en sécurité. Ça nous rassure. Seb me dit : « OK, j'y vais. » Mais il hésite. Quelque chose l'embête et il n'ose pas y aller. Au bout d'un moment, le voir stresser commence à m'angoisser et je lui dis de me laisser passer. Sauf que dès que je me retrouve à sa place, je stresse aussi. Je reste immobile quelques secondes quand soudain, Seb me dit de me pousser et, sans hésiter, saute. C'est comme se baigner dans la mer froide, il faut y aller d'un coup. Mais je me retrouve tout seul, en haut de la grue, fouetté par les rafales qui s'intensifient. Les éclairs menaçants, de plus en plus nombreux, illuminent le ciel au loin. Je suis loin d'être serein.

Je prends mon courage à deux mains, je respire trois fois et, entre deux coups de vents, je saute. La chute est brève. Deux secondes à peine. La sensation d'accélération est démultipliée comparé à un saut de jour. Je vois à l'horizon les lumières de Paris qui montent jusqu'à ce que je lâche l'extracteur et que mon parachute s'ouvre. Dès que je me pose sur le gazon, au bout du parvis devant l'arche de La Défense, je me précipite en silence avec les copains en évitant de me prendre les pieds dans les suspentes jusqu'à la voiture. On démarre au quart de tour, les parachutes en boule sur nos genoux, et on s'échappe dans la nuit parisienne tels des voyous. Une fois loin, on pousse des hurlements de joie comme si on avait réussi un braquage.

J'adorais ces sauts. Ce mélange de danger et d'illégalité était enivrant. Je me prenais pour un hors-la-loi qui ne faisait de mal à personne.

Début 2012, Vince, Jean-Phi et moi partons pour la dropzone de Skydive Dubai. Officieusement, nous avons un objectif précis : demander au prince l'autorisation de sauter depuis la Burj. Imaginez, voler la tête en bas à côté d'un immeuble, ce serait dingue ! Il y avait d'une part l'attrait de sauter depuis la plus haute tour du monde, mais aussi le fait que c'était la seule qui soit assez haute pour être utilisée en *freefly-base*. À Dubaï, tout – ou presque – est possible à partir du moment où l'on a obtenu l'aval du prince, un parachutiste confirmé qui connaissait notre réputation. Nous avons eu la chance de nous retrouver avec lui sur la dropzone, un peu à l'écart. Il avait beau être le prince héritier et nous, de simples *freeflyers*, nous étions égaux sur le tarmac. Il nous respectait et nous écoutait. Nous lui avons montré une vidéo de *freefly-base* tournée en Norvège, il en est resté bouche bée. Il a tout de suite compris la complexité de ce que nous avions réalisé et nous a dit qu'on était dingues. On a saisi l'occasion pour lui avouer que, justement, on voulait réitérer l'expérience depuis la Burj Khalifa. Il a pris 5 secondes pour réfléchir, avant de nous regarder dans les yeux et de lâcher un simple « OK ». Il s'est ensuite tourné vers l'un de ses adjoints et lui a dit d'un ton presque blasé : « Aide-les à sauter de la Burj. » Ce n'était qu'un coup de tête pour lui, mais pour nous, c'était l'un des « OK » les plus importants de notre vie.

On pensait que le plus dur était fait, mais on ne savait pas encore à quel point ce serait compliqué. Pendant presque deux ans, nous les avons relancés, tentant désespérément de faire avancer le projet qui stagnait. L'idée avait tout de même évolué, le but était désormais de faire un saut de *freefly* et un vol en *wingsuit* durant lequel nous tournerions autour de l'immeuble. Puisque le bâtiment n'était pas parfaitement droit et s'élargissait au niveau de la base, il fallait faire construire en haut de la pointe une plate-forme qui nous permettrait de nous éloigner un peu de la tour. Vince s'était chargé de la majorité de l'organisation de ce projet, passant beaucoup de temps sur place pour s'occuper des autorisations nécessaires malgré l'aval du prince. Vince a dû gérer l'évaluation des risques avec les managers de la Burj, déterminer les zones d'atterrissage et obtenir les autorisations de l'aviation civile pour voler en pleine ville. Par ailleurs, la construction de la plate-forme était problématique. Vince a dû travailler main dans la main avec les ingénieurs chargés de la dessiner. Enfin, il lui a fallu s'organiser avec la boîte de production et les vingt caméramans. Le pauvre s'est retrouvé à coordonner tout ça. Nous avions décidé de nous répartir les tâches, puisqu'au même moment, j'étais chargé de la concrétisation d'un autre de nos rêves.

En 2013, nous entamions notre deuxième année avec Red Bull et cherchions une aventure qui marquerait les esprits. Puisque nous étions français, Red Bull a proposé qu'elle se déroule dans l'Hexagone. Nous avions en tête de tourner un film en montagne, idéalement en Haute-Savoie, région qui nous était très chère. L'idée d'un projet en lien avec le mont Blanc est alors née. Nous avons imaginé une séquence de *freefly* au-dessus de la plus haute montagne d'Europe avant de dévaler sa face italienne sous nos voiles rapides. Mais une fois le rêve posé, la réalité nous a vite rattrapés. Si nous avions su combien de complications il impliquerait, je ne suis pas sûr que nous nous serions lancés.

L'objectif était de partir à 10 000 mètres, ce qui nous laissait le temps de compléter notre routine et d'ouvrir nos parachutes avec une marge de sécurité. Personne n'avait jamais réalisé de routine de *freefly* à cette altitude, et pour cause : au-delà de 7 000 mètres, il faut sauter avec une alimentation d'oxygène. Nous devions donc trouver un moyen de positionner des bouteilles sur notre équipement. Second point, il fallait trouver un avion capable de nous larguer aussi haut. Par ailleurs, l'espace aérien au-dessus du mont Blanc est une sorte de carrefour d'avions de ligne qui volent justement à 10 000 mètres. Obtenir les autorisations pour lâcher deux parachutistes au milieu de tout ce manège n'allait pas être simple. Bonjour le casse-tête.

Le premier problème à résoudre était l'oxygène. À 10 000 mètres, le temps de conscience utile est de 20 à 30 secondes. Sachant que notre chute libre allait durer 40 secondes, il nous fallait de l'assistance. On a trouvé un système d'oxygène fabriqué par deux Anglais. Ils avaient adapté des équipements utilisés par les alpinistes en très haute montagne et les avaient modifiés pour le parachutisme. Tout cela a pris du temps et il nous serait impossible d'être prêts en 2013. Il fallait donc décaler le projet à l'année suivante. Pour couronner le tout, je me suis séparé de ma compagne et me suis cassé une vertèbre en parapente en novembre 2013. Heureusement sans conséquences lourdes, mais quelle fin d'année malgré tout !

En janvier, je suis allé rejoindre Vince à Dubaï. Ma vertèbre s'était rétablie. Nous avions compris que le projet du Burj Khalifa n'avancerait pas si nous n'étions pas sur place. Nous avons donc pris des allers simples en nous promettant de ne repartir qu'après s'être élancés de la tour. Je continuais à préparer le saut du mont Blanc en parallèle. Quelques jours après mon arrivée, puisque mon dos allait mieux, j'ai décidé de retrouver un ami pour faire de la soufflerie. Mais pendant la session, j'ai raté une transition et j'ai placé ma main sur la vitre pendant que mon corps poursuivait son chemin : mon coude s'est retourné et j'avais le bras à l'envers. Le verdict était clair : une grosse luxation. La blessure nécessitait une anesthésie générale. On n'avait aucune idée du temps qu'il me faudrait pour récupérer, c'était effrayant. Je venais à peine de me remettre de ma blessure au dos. Cette nouvelle avarie mettait en péril nos projets. J'étais écœuré, mais déterminé à réussir ma rééducation dans l'espoir d'être en état de sauter au printemps. Néanmoins, les choses se sont encore compliquées en février lorsque Jean-Phi nous a annoncé qu'il allait arrêter de sauter et de filmer. Ç'a été une véritable claque, et nous ne l'avions vraiment pas vue venir. Il en avait un peu marre, il gagnait mal sa vie et cherchait un peu de stabilité. Il ne se sentait pas à l'aise dans son rôle de *base-jumper* professionnel et a décidé de se lancer du jour au lendemain dans une formation de pilote. Ça a pris des années, mais il a désormais tous les diplômes de pilote pro imaginables et en a fait son métier. Il est resté un de mes amis les plus proches et je suis fier de ce qu'il est devenu.

À ce moment-là, Vince et moi étions surpris, et un peu déçus aussi. Cela nous mettait dans le pétrin, nous devions trouver un remplaçant et, par-dessus tout, nous étions tristes à l'idée de ne pas partager nos aventures à venir avec lui.

La bonne nouvelle – enfin une ! – était que notre présence à Dubaï permettait de faire avancer notre projet : notre saut était désormais fixé au 19 avril. Mais avant, nous devions nous entraîner. L'objectif était de nous caler avec nos deux nouveaux caméramans : Noah Bahnson – américain, l'un des *base-jumpers* les plus accomplis sur Terre – pour les sauts de *freefly-base* ; et Julian Boulle – sud-africain, expert pilote de combinaison – se chargerait de filmer les vols de *wingsuit*. Nous allions d'abord nous rendre en Suisse pour préparer nos vols de *wingsuit* et répéter nos départs depuis des falaises. L'ultime entraînement consisterait à utiliser l'hélicoptère privé du prince qui nous larguerait à 828 mètres pour nous habituer à la hauteur du Burj Khalifa. Mais plus le temps passait, plus j'angoissais par rapport à mon coude qui ne se remettait pas aussi vite qu'attendu. J'étais incapable de le tenir droit, ce qui était absolument essentiel pour voler avec la *wingsuit*. Désespéré, j'ai appelé Olivier Guiraud, notre athlète manager chez Red Bull, qui, en un clin d'œil, m'a trouvé une clinique privée de rééducation et de kinésithérapie à Manchester. Je suis donc allé en Angleterre pour un stage de deux semaines épuisant. Je faisais huit heures de rééducation chaque jour. Mais le jeu en valait la chandelle car, à l'issue du séjour, je suis parti avec un bras à peu près fonctionnel. Assez, en tout cas, pour rejoindre Vince, Noah et Julian en Suisse.

Mon coude n'étant toujours pas remis à 100 %, un kiné m'a accompagné pour me masser et me faire faire des exercices avant et après chaque saut. Nous avons passé dix jours à nous entraîner avant de rejoindre Dubaï.

Nous étions à J-3 et les passants qui levaient la tête pouvaient apercevoir une petite plate-forme de 3 mètres de long en pleine installation en haut de la tour. Dubaï souhaitait que le projet reste discret et personne, à part ceux qui étaient impliqués dans la mission, n'était au courant. Avec les années, il avait évolué et était désormais censé servir d'occasion pour lancer l'entreprise XDubai. C'était le même principe qu'avec Red Bull, sauf qu'au lieu de vendre des canettes de boisson énergisante, XDubai mettait en valeur la ville pour attirer les touristes. Pour garder le secret jusqu'au bout, les sauts étaient prévus le matin, très tôt. Deux jours avant le début du tournage, un des organisateurs du projet nous a demandé de monter en haut de la tour pour vérifier la plate-forme qui était terminée. Nous devions emprunter un ascenseur de service avant de remonter un escalier menant au pied d'un tube long de 80 mètres et large de 2 mètres, au sommet de l'immeuble. La plate-forme se trouvait au bout. Nous avions des parachutes au cas où. Nous avons gravi les 80 mètres d'échelle.

Sur la plate-forme, un vent léger nous décoiffait et le paysage autour était magique. D'un côté, le désert s'étendait jusqu'à l'horizon et de l'autre, la mer. Le Burj Khalifa est tellement haut que les immeubles alentour, des gratte-ciel qui seraient les points culminants de n'importe quelle autre ville, ressemblent à des maisonnettes de maquette depuis son sommet. Nous avons enfilé nos parachutes par sécurité avant de nous avancer au bout de la plate-forme en caillebotis qui nous permettait de voir à travers. On avait l'impression de marcher dans l'air. Arrivés au bout, on s'est assis tous les deux, les pieds dans le vide. Les bruits de la ville paraissaient lointains. Une fois l'adrénaline retombée, nous étions presque détendus, perchés au-dessus de cette ville folle. Vince m'a dit, en regardant le spectacle devant nous : « Tu te rends compte ? Ils ont fabriqué cette plate-forme rien que pour nous, à Dubaï, sur la plus haute tour du monde. » Les blessures et les galères semblaient insignifiantes. Nous étions tellement fiers de nous que nous avons savouré ce moment magique, qui avait des airs de calme avant la tempête.

La veille des premiers sauts, on nous a demandé d'aller chercher des journalistes à l'aéroport. Nous n'en avions aucune envie, nous avions autre chose à faire, mais l'un des managers a insisté en expliquant que c'était important. Dans le hall des arrivées, nous patientions quand les portes se sont ouvertes. Nous avons vu nos parents apparaître. Les organisateurs du saut avaient voulu nous faire une surprise et avaient invité nos familles pour qu'elles puissent assister au spectacle. J'étais ravi. Vince était dépité. Il a croisé le regard de sa mère et son stress s'est instantanément démultiplié. Elle n'aimait pas le *base-jump*, ça la terrorisait, et Vince le savait, le voyait et, puisque c'était sa mère, le ressentait. J'ai demandé à ma mère de s'occuper de celle de Vince pour que nous puissions nous concentrer sur le saut. Elle l'a rassurée, lui rappelant qu'on savait ce qu'on faisait, qu'on s'était entraînés depuis des mois pour ce projet et que tout avait été calculé. Nous sommes donc allés nous coucher pour nous reposer.

Le 19 avril 2014, nous nous sommes réveillés vers 3 heures du matin. Le premier saut devait avoir lieu à 5 h 30, au moment où le soleil se levait. On a parcouru le long chemin jusqu'au sommet de la tour avant de s'équiper sur la plate-forme, suspendus dans l'air. On allait commencer par du *freefly-base*. On avait prévu de partir en dérive quelques secondes pour s'éloigner de l'immeuble, et ensuite de se tenir les mains et de basculer la tête en bas pour réaliser un *carve* (une rotation pendant laquelle on tourne ensemble autour d'un point central). Après une dernière vérification du matériel et du fonctionnement des plus de vingt caméras installées sur la tour et autour d'elle, ainsi que dans les deux hélicoptères qui filmaient depuis l'air, on s'est regardés une dernière fois et on s'est accroupis pour allumer nos fumigènes orange vif, la couleur des Soul Flyers. On s'est tournés vers le bout de la plate-forme et on s'est avancés jusqu'au bord. On a inspiré un coup en se tenant les mains avant de dire : « *Ready, set.* » On n'a même pas prononcé le « Go ».

Dès qu'on a sauté, la sensation de tomber dans le vide était encore plus forte que d'habitude. La skyline de Dubaï était sous notre corps et nos parents nous guettaient depuis le sol. Une fois la vitesse nécessaire atteinte pour avoir des appuis dans l'air, Vince a vérifié grâce aux radios installées dans nos casques si tout était en ordre : « C'est bon ? » Je n'ai pas eu à répondre, il ressentait que tout allait bien, et il m'a donné le top départ pour la figure : « Allez ça tourne ! » On a basculé tête en bas et on a commencé à tourner ensemble, s'attrapant les mains après un demi-tour, comme dans une valse à 200 à l'heure, à quelques mètres du plus haut bâtiment du monde. Nous avons passé plusieurs secondes telles des toupies dans l'air. Je voyais le visage de Vince, avec ses lunettes de soleil aux verres bleus et aux montures blanches. Il était concentré mais au bout d'un tour et demi, il a souri, comme pour me dire : « On est en train de le faire, mec. » Derrière lui, le paysage alternait entre mer, désert et les baies vitrées du Burj Khalifa qui n'étaient qu'à une poignée de mètres et qui défilaient à toute vitesse. Les 163 étages de la tour se fondaient en un seul. Le temps était comme arrêté pendant qu'on dansait, jusqu'à ce qu'il faille se séparer et s'éloigner l'un de l'autre pour ouvrir les parachutes. Ensuite, comme on en avait l'habitude, on a hurlé de joie.

On s'est posés sur la pelouse verte et taillée au rasoir au pied du mastodonte. Juste à côté, des fontaines immenses, d'habitude éteintes à cette heure, envoyaient d'immenses jets d'eau dans l'air, comme pour fêter notre réussite. J'ai couru vers Vince. Il avait un sourire jusqu'aux oreilles, et je l'ai pris dans mes bras. On l'avait fait !

On a ensuite réalisé un deuxième saut de *freefly* avant d'entamer un vol de *wingsuit*. La sensation était incomparable et une fois que nous étions en l'air en train de tourner autour de cette arête, au milieu du ciel de Dubaï, l'un derrière l'autre, tout était parfait. Les étages défilaient beaucoup moins vite et on avait vraiment l'impression d'être des superhéros.

C'était notre plus gros projet et on en avait bavé pour l'organiser. On a dû faire preuve de maturité, de patience et de rigueur pour y arriver. Désormais, tout était possible. Mais avant, il fallait rejoindre les Alpes.

Pendant toute la période de rééducation de mon coude et les entraînements pour le Burj Khalifa, je n'avais pas arrêté de préparer le projet au-dessus du mont Blanc. Quelques jours seulement après le saut à Dubaï, nous avions rendez-vous en Autriche pour un entraînement à haute altitude avec des systèmes d'oxygène. La plus grosse difficulté était de s'habituer à ce matériel. Nous connaissions par cœur la routine, et le vol sous voile le long des falaises du côté italien du mont Blanc n'était pas particulièrement technique pour notre niveau mais très impressionnant. Le premier objectif de cette semaine autrichienne était de s'habituer à la présence du masque sur nos visages et à la bonbonne attachée à nos ventres. Le second était de vérifier l'ouverture de nos parachutes car l'air étant plus fin à haute altitude, nous n'étions pas certains du comportement de nos voiles. Nous avons donc effectué plusieurs sauts. L'ouverture avait lieu à chaque fois un peu plus haut. Nous avons commencé à 4 000 mètres avant de grimper progressivement jusqu'à 6 000, l'altitude à laquelle nous allions ouvrir pendant le projet. Nous avons été agréablement surpris puisque l'ouverture se déroulait à chaque fois sans encombre. On voulait aussi savoir si nos combinaisons étaient assez résistantes au froid. À 10 000 mètres, il fait – 50 °C, nous avions donc fait fabriquer des combinaisons spéciales. Résultat : malgré les combis et les 3 000 mètres de moins, je n'ai jamais eu aussi froid de toute ma vie.

L'équipement fonctionnait et notre routine était calée. Noah Bahnson, que nous avions désigné comme caméraman pour le projet, volait super bien. En tout, nous avons accumulé une vingtaine de sauts d'entraînement. Nous avions même trouvé un avion car un ami pilote allemand m'avait annoncé qu'il venait d'acheter un coucou capable de monter jusqu'à 11 000 mètres, en seulement 20 minutes.

Lorsque j'avais parlé de ce projet pour la première fois à mon père, il m'avait immédiatement répondu : « Ah ouais ? et les autorisations ? » Je lui avais répondu un peu naïvement que ça se réglerait tout seul et il m'avait juste dit : « Bonne chance alors. » Si seulement j'avais su la quantité astronomique de chance dont j'allais avoir besoin !

Nous avons d'abord demandé à l'aviation civile française le droit de sauter au-dessus du mont Blanc. Nous avons présenté un dossier et quelques semaines plus tard, lorsque nous étions à Dubaï, nous avons reçu un mail nous donnant noir sur blanc l'autorisation de sauter au-dessus du mont Blanc, mais seulement jusqu'à 7 500 mètres. C'était beaucoup trop bas pour notre projet ! En fait, les Français – nous l'ignorions – ne sont responsables de l'espace aérien au-dessus du mont Blanc que jusqu'à cette hauteur. Au-delà, c'est une entreprise privée suisse qui s'en occupe. Nous devions donc aussi obtenir son aval. J'étais persuadé que le projet allait tomber à l'eau car il était déjà tard, voire trop tard : nous devions sauter courant mai (question de météo) et nous étions déjà en avril. Heureusement que nous avons toujours eu une bonne étoile. Grâce à des connaissances, nous avons pu entrer en contact avec le chef des contrôleurs aériens de Genève, un Français qui, dans un élan de patriotisme, nous a délivré une autorisation pour sauter le dernier week-end de mai entre 15 heures et 15 h 25, seul créneau disponible permettant d'éviter de dévier trop d'avions. Cet horaire n'était pas idéal : il n'avait aucun impact sur la partie chute libre, mais pour la seconde partie du projet qui nous faisait longer les pentes de la montagne sous voile, les thermiques, plus puissants à cette heure de l'après-midi, risquaient de nous compliquer la tâche. Nous n'avions cependant pas le choix et avons décidé d'emprunter une trajectoire un peu moins risquée. La date était donc fixée et le projet a été baptisé : Red Bull Skycombo.

Le jour J, nous sommes arrivés très tôt à l'aéroport d'Annecy où l'avion, un Beechcraft 200, était garé, pour s'équiper. Nous avons enfilé nos combinaisons pour le grand froid, nos cagoules, nos masques et nos casques. Nous savions que d'ici quelques heures, nous aurions plus froid que jamais. Mais pour l'instant, nous fondions dans nos combinaisons. Dans la carlingue de l'avion garé sur le tarmac, il faisait 25 °C. Pour éviter un accident de décompression comme il y en a en plongée sous-marine, nous devions effectuer une dénitrogénation du sang avant de décoller. Cela consiste à respirer de l'oxygène pur pendant une heure afin de retirer tout l'azote du sang. Nous étions à la limite de ce qui est réalisable sans combinaison pressurisée.

Sur le mont Blanc, des caméramans avaient été déposés un peu plus tôt à divers endroits en hélicoptère, accompagnés de guides de haute montagne. Nous étions en contact radio avec eux et ils nous transmettaient des mises à jour de la météo toutes les 10 minutes pour nous prévenir en cas de nuages. Un hélicoptère survolait les lieux avec une caméra qui, à cause du froid, avait gelé. Du côté italien de la montagne, d'autres caméramans et des voitures nous attendaient pour nous ramener ensuite jusqu'à Annecy. Nous avions décidé de frôler en *speed-fly* la face italienne du mont parce que son relief correspondait aux trajectoires que nous voulions réaliser. Le patron de l'aviation civile suisse qui régulait l'espace aérien au-dessus du mont Blanc assurait personnellement l'organisation et guidait Yann, le pilote de notre avion, à travers le trafic aérien pour qu'il arrive au-dessus de la montagne.

Vers 14 h 40, l'avion a décollé pendant que Vince, Noah et moi transpirions des litres à la seconde dans nos combinaisons. En 20 minutes, nous avons atteint l'altitude nécessaire et il fallait désormais attendre que Yann nous donne le top. Nous ne savions pas trop où nous étions dans le ciel. Seul Yann savait quand il fallait nous larguer. Ça devait être précisément au-dessus de la montagne et on lui faisait une confiance aveugle. « 5 minutes », a-t-il annoncé à la radio. Il était temps de nous préparer. Nous avons quitté nos sièges et nous sommes débranchés de la source d'oxygène principale (une immense bonbonne installée dans l'avion) pour nous brancher sur nos bonbonnes personnelles attachées à nos bassins.

Yann a annoncé : « 20 secondes. » La porte s'est ouverte et nous nous sommes positionnés l'un derrière l'autre, prêts à en découdre. J'étais le premier et je regardais vers le bas lorsqu'un sentiment de panique a traversé mon corps. Je ne reconnaissais pas du tout l'endroit où l'on était et l'idée d'atterrir quelque part au hasard en haute montagne ne m'enchantait guère, mais je faisais confiance à Yann. Le dernier décompte a été lancé et j'ai sauté.

L'avion frôlait les 300 kilomètres à l'heure et je l'ai ressenti en franchissant le seuil de la porte. La première chose que j'ai remarquée en me retournant était les longues traces de fumée blanche qui le suivaient. Le ciel était d'un bleu profond, et j'avais l'impression que le Beechcraft s'éloignait rapidement dans le quasi-cosmique. Nous nous sommes regroupés, Vince, Noah et moi, et nous avons commencé notre routine. C'était la première fois que l'on pouvait sauter de si haut et on a vite compris que malgré l'air qui était un peu plus mou qu'à 7 500 mètres, les appuis étaient les mêmes à cause de la vitesse, beaucoup plus élevée. Nous allions à près de 400 kilomètres à l'heure et, contrairement à un saut normal, les masques et les lunettes de protection cachaient totalement nos visages. Mais on se connaissait tellement par cœur et on s'était tellement entraînés que chaque figure, chaque transition, chaque passage tête en bas était parfait. On a même réussi un tête-à-tête, notre signature. Tout ça au-dessus du mont Blanc, à 385 kilomètres à l'heure et par – 50 °C.

Au bout de 40 secondes, il était temps pour nous de dériver et d'ouvrir les voiles. Nous étions à 6 000 mètres d'altitude et la température est montée à – 32 °C. Nous avons brièvement repris nos esprits. Nous étions tellement concentrés sur notre routine que nous n'avions pas pris le temps de regarder autour de nous. Mais, une fois sous voile, nous avons tourné les yeux vers nos pieds sous lesquels trônait le mont Blanc. C'était grandiose ! Yann avait jugé le départ à la perfection.

Une fois le paysage admiré, nous avons allumé les fumigènes orange attachés à nos chevilles, signe que les choses sérieuses sous voile s'apprêtaient à commencer. Nous avons saisi les commandes, soufflé un bon coup et attaqué la montagne. D'abord, plusieurs virages étroits nous permettaient d'accélérer et de survoler le sommet. Nous étions à 4 810 mètres et il faisait – 25 °C. Une fois passé le point culminant, nous nous sommes engouffrés dans les artères de la plus haute montagne d'Europe avant de passer au-dessus de ses cols à plus de 100 kilomètres à l'heure. On ne s'approchait pas trop du sol, conscients qu'il y avait beaucoup de turbulences à cette heure de l'après-midi. Mais on a quand même réalisé des rotations à 360° avec nos ailes comme si de rien n'était. Nous avons frôlé les crêtes, passant à côté de l'arête Peuterey, la plus longue d'Europe.

Au bout de 2 minutes de vol, le fumigène était éteint. On a allumé le deuxième. Plus on descendait, plus les crêtes devenaient rocheuses, et la neige disparaissait progressivement. Les températures grimpaient aussi et on s'est remis à transpirer dans nos combinaisons. Tout le long, on se parlait avec nos radios, pour donner les impulsions, prévenir d'un changement de direction et tout simplement coordonner ce ballet aérien le long des pentes du mont Blanc.

Après 7 minutes et 30 secondes, on reposait enfin les deux pieds sur terre, à 2 mètres l'un de l'autre, sur un grand champ vert à val Vény, en Italie, à 1 510 mètres d'altitude. Il faisait + 23 °C, ça sentait le printemps. On avait parcouru 8 500 mètres verticalement et subi un écart de température de 70 °C en autant de temps qu'il en faut pour cuire des coquillettes. Dans le champ, on s'est pris dans les bras une fois de plus.

Nous l'avions fait, nos deux immenses rêves étaient réalisés. Celui-ci était important pour nous puisque c'était un projet 100 % parachutiste alors que les autres (Norvège, Dubaï) étaient du *base-jump*. Ça nous faisait plaisir, d'autant que cinq ans s'étaient écoulés depuis notre dernière compétition. Nous avions réussi ce qui, au début, paraissait impossible : faire du *freefly* depuis les plus hautes falaises d'Europe, depuis la plus haute tour du monde et au-dessus de la plus haute montagne d'Europe.

Mais nous ne comptions pas nous arrêter là. En parallèle, un autre projet, plus grand, plus complexe, plus dingue et plus incroyable nous attendait.

# 11.

Dix ans plus tôt, alors que nous étions à Lapalisse, un jour, un drôle de bonhomme a débarqué sur la dropzone. Rasé de près, il était grand, svelte et marchait droit. Ses yeux étaient perçants, d'un bleu ciel intense. Sa légère calvitie et ses lunettes aux montures fines lui donnaient un air de professeur. Il s'appelait Yves Rossy et parlait avec un accent suisse. Cet ancien pilote de l'armée de l'air suisse avait plus de 1 000 heures de Mirage 2000 à son actif. Désormais, il pilotait des avions de ligne. Il donnait l'impression d'être très droit, allergique aux folies et aux lubies. Pourtant, c'était tout l'inverse. Lorsqu'il arrivait le matin pour monter dans le premier avion, il n'avait pas simplement un parachute sur le dos : il était toujours accompagné par une sorte d'aile qu'il testait. Yves Rossy tentait d'inventer une nouvelle façon de voler, technologiquement plus avancée que la chute libre mais plus humaine que l'avion. On avait lu des articles sur lui dans les pages de *Paramag*.

Sa vie avait changé le jour où il avait réalisé son premier saut en parachute et qu'il avait découvert pour la première fois la sensation de l'air qui défilait sur son visage. Il avait ressenti le vent relatif comme il n'en avait jamais eu l'occasion depuis l'abri de son cockpit. Il avait alors imaginé une machine qui permettrait de mélanger d'une part la puissance, la vitesse et la capacité de reprendre de l'altitude qu'a l'avion de chasse, et, de l'autre, les sensations de la chute libre. Il disait qu'il voulait pouvoir piloter un avion de chasse « à l'extérieur de la boîte », avec son corps.

Lorsqu'il est venu à Lapalisse avec son matériel, il était dans la phase de développement de son invention. Son seul objectif était de prolonger le temps de vol à l'aide de ses ailes. Elles étaient non motorisées, mais à terme, il voulait y installer des réacteurs puissants d'avion de modélisme. Il avait tout fabriqué seul, allant de prototype en prototype, respectant les mesures de sécurité stricte qu'il s'était lui-même imposées. Ça ressemblait aux ailes de papillon qu'enfilent les enfants lorsqu'ils se déguisent en fée. Yves était une sorte de fée Clochette suisse surmotorisée avec une aile en fibre de carbone de 2 mètres de large qui, à terme, pèserait 90 kilos, contiendrait des parachutes pyrotechniques, 30 litres de kérosène et quatre réacteurs.

Je trouvais son concept intéressant, mais pas particulièrement attirant. Ça me paraissait bizarre et surtout très contraignant. J'ai toujours aimé le minimalisme. C'est pour ça que j'adore le *base-jump* qui ne nécessite qu'un parachute ultra-élémentaire. À l'opposé, il y avait Yves avec ses ailes, ses moteurs, ses parachutes de secours, ses outils, ses bidons de kérosène, et tout ça me paraissait assez fatigant.

On l'a revu quelques années plus tard à Empuriabrava, où il s'entraînait désormais avec des moteurs. Il réservait un Pilatus entier juste pour lui, qu'il vidait de ses sièges pour tapisser l'intérieur de matériel anti-inflammable. Il installait au milieu son aile rigide, sous laquelle des petits réacteurs étaient attachés. Une fois arrivé à l'altitude nécessaire, il allumait les moteurs de l'aile dans l'avion, et s'élançait. Durant le vol, il utilisait une petite roulette qu'il tenait dans sa main pour contrôler la puissance et il modifiait sa trajectoire en penchant les épaules. On voyait dans le ciel ce petit point noir se déplacer dans tous les sens à toute vitesse et qui produisait un bruit de dingue. On aurait dit un avion de chasse. Yves s'était surnommé Jetman.

Si au début, on le prenait pour un savant fou, il allait rapidement démontrer que sa folie avait donné naissance à un objet incroyable, digne des créations des studios Marvel. Après son premier vol motorisé réussi en juin 2004, il a longtemps utilisé son salaire de pilote de ligne pour financer le développement de son bijou, jusqu'à ce que des sponsors s'y intéressent et que des marques de montres proposent de financer son développement s'il acceptait de placarder leur logo dessus. Yves est alors devenu Jetman à temps plein et a pu préparer son premier grand exploit. En 2008, quatre-vingt-dix-neuf ans après la première traversée de la Manche en avion, il a enfilé ses ailes et rejoint les côtes britanniques en un peu moins de 10 minutes. Un an plus tard, en 2009, Yves commençait à se sentir seul dans l'air.

S'il était extrêmement doué pour développer son invention, il avait peu de sauts en parachute à son actif et comme il ne maîtrisait pas parfaitement les techniques de la chute libre, il avait parfois du mal à piloter ses ailes. Il voulait partager ce qu'il vivait avec quelqu'un d'autre, un coéquipier qu'il pourrait former, avec lequel il pourrait échanger et progresser, et, à terme, voler. Des pilotes de la dropzone d'Empuriabrava avec lesquels il s'était lié d'amitié lui avaient parlé de Vince, ce jeune prodige capable de tout faire dans l'air. En plus, Vince était curieux et s'intéressait à tout ce qui volait. Yves a donc présenté Vince à ses ailes. Ils se sont tout de suite bien entendus. Vince avait ce côté très bricoleur et manuel qui plaisait à Yves. Ils se comprenaient quand ils parlaient des aspects techniques des ailes, même si elles réservaient leur lot de surprises.

La première fois que Vince a endossé la machine et qu'il a tenté de se lever, il a été surpris par son poids. C'était un gros engin et il avait du mal à s'imaginer voler avec. Mais Yves l'a rassuré : il allait suivre une série d'entraînements avant de s'élancer avec l'aile motorisée. Tout d'abord, Vince devait réaliser plusieurs vols en utilisant une aile semi-rigide. Composée d'un centre en carbone, elle avait deux ailes dégonflées de chaque côté, ce qui lui permettait de rentrer dans l'avion. Elles se gonflaient avec de l'air comprimé en chute libre. Une fois gonflé à bloc, le système mesurait 2,50 mètres de large, permettait de planer et de s'habituer aux caractéristiques de vol d'une telle structure. Dès ses premiers essais, Vince a saisi la technique. Il était à l'aise avec l'engin sur le dos et manœuvrait comme si c'était sa seconde nature. Il se débrouillait si bien qu'Yves a accepté de lui faire essayer l'aile rigide. Celle-ci était en carbone ultra-rigide et on pourrait y accrocher à terme des moteurs. Mais pour commencer, ils allaient rester au sol et Vince se contenterait de planer.

Plus les vols avançaient, plus Vince se rendait compte que les ailes d'Yves fonctionnaient extrêmement bien. Cette machine n'était pas juste l'invention branlante d'un Géo Trouvetou, c'était un outil incroyable et Vince n'attendait qu'une chose : voler avec les moteurs. Il a dû cependant faire preuve de patience car nous avions d'autres projets à mener à bien, qui ne lui permettaient pas de passer tout son temps à s'entraîner en Jetman. Il ne se libérait que quelques semaines par an pour rejoindre Yves.

Son premier vol avec l'aile semi-rigide avait eu lieu en 2009, et en 2012, il n'avait toujours pas volé avec les moteurs. Cette année-là, lorsque nous étions à la fin du tournage de notre vidéo de présentation pour Red Bull, nous avons réalisé un saut de *freefly* durant lequel nous nous sommes rentrés dedans bêtement. C'était peut-être la première fois que ça arrivait. Vince s'est cogné le genou et on a découvert plus tard qu'il s'était fissuré la tête du péroné. Dino et moi l'avons emmené à l'hôpital de Perpignan et il était en pleurs dans la voiture. Il savait qu'il s'était blessé et il a dit : « C'est pas possible ! Je devais retrouver Yves pour voler avec les ailes ! » Cette scène m'a marqué, je ne pense pas que ses larmes étaient provoquées par la douleur, mais plutôt par la déception de ne pas pouvoir voler pour la première fois avec les moteurs. Plus le temps passait, plus cela devenait une obsession pour lui.

De mon côté, je voyais Vince progresser de loin. Il me racontait à quel point c'était génial et me répétait que je devais absolument essayer. Mais c'était cher et compliqué à organiser. Rien que pour utiliser les ailes avec les réacteurs, il fallait se faire construire un harnais à sa taille. Vince était beaucoup trop large pour rentrer dans celui d'Yves et avait dû construire le sien avec son père en réalisant un moule de son bassin en plâtre avant de fabriquer un modèle en fibre de verre. En réalité, je n'étais pas particulièrement pressé de tenter l'expérience. Passer un peu de temps seul après toutes ces années de vie commune n'était pas désagréable. Pendant que Vince s'entraînait en Jetman, je faisais du *base* avec des potes ou je passais du temps avec ma copine.

En 2013, Vince s'est rendu à Empuriabrava pour réaliser son premier vol motorisé. Dino était sur place pour filmer l'événement et il a immortalisé le moment où Vince a enlevé son casque après l'atterrissage. Sur la vidéo, on voit que des larmes de joie coulent le long de ses joues. Il lui avait fallu tellement de temps pour en arriver là. Il m'a appelé juste après et m'a dit que c'était incroyable, qu'il n'avait rien vécu d'aussi fou. Une fois sorti de l'avion, Yves lui avait dit de mettre les gaz doucement et au bout d'un moment, il avait senti qu'il n'était plus en train de tomber. Il remontait ! Le lipdub de *Fais comme l'oiseau* que nous avions tourné avec Dino en Norvège prenait enfin tout son sens. Jusqu'ici, toute notre vie, nous n'avions fait que tomber. Pour la première fois, l'un de nous avait réussi à remonter. Cela dit, je n'ai jamais trop aimé comparer Jetman au vol de l'oiseau. Pour moi, c'est lorsqu'on utilise les thermiques en parapente pour reprendre de l'altitude tel un aigle que l'on se rapproche le plus d'un oiseau. Avec Jetman, pour pouvoir imiter un oiseau gracieux et mignon pendant 10 minutes, il fallait 4 réacteurs, 32 litres de kérosène, un casque, des altimètres, deux parachutes, et 200 décibels. Ça ressemblait beaucoup plus à un avion de chasse.

Yves et Vince s'entendaient très bien et, par certains aspects, se ressemblaient, mais dans l'air, leurs différences étaient plus apparentes. Si Yves était incollable sur la technique, l'ingénierie et la technologie, voler avec son aile était loin d'être instinctif pour lui. Sa position était raide et il bougeait peu, comme s'il en était prisonnier. On se moquait de lui : on aurait dit qu'il était au garde à vous dans l'air. À l'inverse, Vince incarnait le feeling pur. Dès ses premiers vols, il s'était instinctivement mis à utiliser ses bras et ses jambes pour contrôler la machine. Il s'était très vite rendu compte que voler en Jetman ressemblait aux vols de *freefly* tête en bas, puisqu'il se déplaçait tête la première et à la même vitesse. C'était juste à l'horizontale plutôt qu'à la verticale et la gravité était remplacée par les réacteurs. Il n'était pas le passager de ces ailes. Non, en entrant dans le harnais, elles devenaient les siennes.

Plus le temps passait, plus Vince devenait accro. Il répétait en boucle que c'était l'invention ultime et qu'il fallait absolument la maîtriser. Il croyait dur comme fer que Jetman était la suite naturelle de notre carrière. Il était obnubilé par ces ailes qui permettaient, selon lui, de voler comme un oiseau. À force, il m'a donc convaincu d'essayer, avant même d'avoir volé avec les moteurs.

Plus que l'engin lui-même, ce sont sa passion et son excitation qui m'ont donné envie. Puisque nous avions exactement les mêmes références en matière de vol et qu'il me connaissait par cœur, il savait que ça allait me plaire. Je ne mesurais pas encore à quel point notre vie allait changer dans les mois à venir.

En 2013, alors que nous passions beaucoup de temps à Dubaï, le contrat qu'Yves avait avec une célèbre marque de montres a soudain pris fin. Jetman était menacé et son avenir dépendait de l'arrivée ou non d'un nouveau sponsor. Il était inconcevable pour Vince que le projet s'arrête, il s'est mis corps et âme à la recherche de financements. Il a commencé à en parler partout autour de lui, notamment au prince de Dubaï qui, avec le temps, était devenu l'un de ses amis. Jetman et Dubaï allaient bien ensemble. Tous deux étaient démesurés et extrêmes. Et puis, l'un nécessitait beaucoup d'argent tandis que l'autre en avait énormément à dépenser. Jetman était aussi un superbe projet pour accompagner le lancement de XDubai qui faisait désormais partie de nos sponsors. D'ailleurs, le manager de XDubai, Ismail al-Hashimi, était déjà entré en contact avec Yves car le projet l'intéressait. Tout cela mélangeait innovation, parachutisme et rêves. Et puis, le fait que Vince ait rejoint l'équipe a démultiplié les perspectives de l'aventure. Ce n'était plus un homme qui volait seul, désormais ils étaient deux et on pouvait envisager la création d'une patrouille de Jetman.

Le prince a aimé l'idée, et à force de coups de fil et de négociations, un accord a été trouvé en 2014. Dubaï a racheté la totalité du projet ainsi que la propriété intellectuelle et les brevets à Yves. Cette option, plutôt qu'un financement occasionnel, faisait passer Jetman d'une machine bricolée dans un garage à un véritable dessein industriel de développement technologique. En plus de recevoir un gros chèque, Yves a été embauché comme développeur et pilote Jetman, ainsi que Vince et moi, alors que je n'avais toujours pas volé avec les moteurs. Il était évident pour tous que j'allais rejoindre l'aventure, surtout pour Vince qui ne se voyait pas poursuivre l'expérience sans moi. Il avait fait comprendre lors des négociations avec Dubaï que si je n'étais pas impliqué, il ne signerait pas. J'étais touché qu'il prenne le risque de mettre en péril son rêve pour s'assurer que j'en sois. C'était nous deux ou rien. Je me suis alors retrouvé à signer un contrat de pilote d'un Jetman que je n'avais jamais testé. J'avais eu l'occasion d'essayer l'aile sans les moteurs durant l'été et j'avais adoré. Mais ça restait un gros engagement. Le contrat courait sur sept ans et avait pour objectif de former un trio de pilotes Jetman pour réaliser des projets partout autour de la Terre.

Une démonstration à couper le souffle était prévue lors de l'Exposition universelle de 2020 qui devait se dérouler à Dubaï. Puisqu'il s'agissait de développer la technologie et de la rendre plus fiable, le contrat impliquait de vivre une grande partie de l'année à Dubaï pour que nous puissions travailler sur les ailes et les tester. J'aimais cette ville, mais pas plus que ça. En signant, je savais que nos vies allaient changer. Nous allions être loin de nos amis et de la Haute-Savoie où nous habitions depuis quelques années et que j'adorais. La perspective d'habiter à Dubaï ne m'enchantait guère, mais pour un tel projet, je voulais bien faire des sacrifices. Même si, n'ayant pas encore volé avec les moteurs, j'ai dû faire une confiance aveugle à Vince qui me répétait que tout ça valait le coup.

Le déménagement à Dubaï a eu lieu en octobre 2014. L'hiver y était doux, il faisait 25 °C. Dès notre arrivée, nous avons projeté de réaliser une vidéo de présentation avec un vol à deux. Yves et Vince s'entraînaient beaucoup et volaient plusieurs fois par semaine, en fonction de la maintenance nécessaire pour entretenir le matériel. Une équipe d'ingénieurs avait été réunie autour du projet. Il y avait André Bernet, avec lequel Yves travaillait depuis dix ans, ainsi que Jeff Huck, un de nos amis proches qu'on avait rencontré dans le monde du parachutisme et qui était ingénieur aéronautique ; le jeune Rashid Mohammed, d'origine indienne et tout juste sorti d'école d'ingénieur, complétait cette équipe de choc. On travaillait dans un hangar que nous prêtait la dropzone de Skydive Dubai, en plein désert, en attendant que la construction de notre propre hangar Jetman soit terminée, à quelques mètres de là.

Ma formation était passée au second plan jusqu'à la sortie de la vidéo en mai. J'avais réalisé quelques vols avec l'aile semi-rigide avant d'arriver à Dubaï et j'ai pu en effectuer quelques-uns sur place avec la vraie aile Jetman, non motorisée. Le tournage impliquait des vols à Dubaï et dans les Émirats arabes unis. Pendant qu'Yves et Vince volaient, je m'entraînais de mon côté, réalisant une soixantaine de sauts au cours de l'hiver, toujours sans les moteurs. Le reste du temps, je découvrais de nouvelles activités comme le kitesurf et je passais du temps avec Caroline, ma copine de l'époque qui était venue s'installer avec moi. Le week-end, je continuais à faire des sauts en parachute avec Vince. Cette période n'était pas toujours facile pour moi. Je passais beaucoup plus de temps au sol que ce à quoi j'étais habitué. C'était bizarre comme sensation. Nous avions l'habitude de tout faire ensemble, Vince et moi, et tout à coup, il y avait un décalage dans ce que nous vivions. C'était une période de transition et il est vrai que j'étais moins passionné que les ingénieurs, que Vince et Yves, par tout ce qui se passait au sol. Le développement n'était pas ma tasse de thé, j'avais du mal à m'y intéresser, même si je savais que ça faisait partie du deal.

En mai 2015, une fois le tournage terminé, il était temps de faire nos bagages, car l'été, à Dubaï, les températures deviennent invivables. Nous avons déménagé à Empuriabrava, qui avait été racheté par Dubaï pour nous permettre de poursuivre les entraînements. C'était le spot idéal. Nous étions contents d'y retourner, la page était tournée. Nous sommes arrivés avec toute l'équipe Jetman un peu comme les rois du pétrole. Nous avions notre hangar, un hélicoptère et nos ailes qui faisaient beaucoup de bruit. Ma formation de vol motorisé pouvait enfin commencer.

J'avais déjà réalisé une quinzaine de vols avec l'aile gonflable et soixante avec l'aile rigide en carbone non motorisée. Il ne me restait plus qu'à voler avec les réacteurs, mais je devais m'entraîner une dernière fois avec l'aile et des faux moteurs en bois qui pesaient autant que les vrais. Ce vol devait m'aider à me rendre compte du poids de l'aile et de l'effet qu'avaient ces réacteurs sur l'aérodynamique. Tout au long de la formation, Yves m'enseignait la théorie : les procédures de démarrage et les gestes à adopter en cas d'urgence. Vince était chargé de la pratique. Là où Yves avait besoin de 10 minutes et je ne sais combien de mots pour m'expliquer un geste ou une manœuvre simple, Vince prenait 10 secondes, trois mots et deux mimes. Il comparait le pilotage de l'aile au *freefly* et employait un langage qui était le nôtre et que nous avions développé au cours de nos 10 000 sauts ensemble. On connaissait nos sensations respectives par cœur.

Un jour, durant les entraînements, je leur ai demandé s'ils avaient déjà tenté de voler sur le dos, comme on le fait en *wingsuit*. Yves a été formel dans sa réponse : c'était aérodynamiquement impossible, l'aile ne pouvait pas être à l'envers. Mais Vince a réfléchi et a dit qu'il pensait que c'était possible. Il en était même certain, et pour le prouver à Yves, il m'a demandé de faire un vol avec l'aile non motorisée et de le tenter. En effet, en utilisant ses mains et ses bras pour contrer l'aile qui tentait sans cesse de se remettre à l'endroit, on pouvait voler sur le dos. C'était l'exemple parfait de ce que Vince et moi pouvions apporter à cette aventure. Grâce à nos années d'expérience, nous connaissions l'air mieux que n'importe qui. Quand je l'ai raconté, Yves était perplexe pendant que Vince jubilait : « Ah ! Je le savais ! » Au final, c'est grâce à eux deux que j'ai pu progresser aussi rapidement, jusqu'au jour de mon premier vol motorisé.

J'avais beau être à Empuriabrava, dans ce ciel que je connaissais par cœur et où j'avais mes repères, quand il s'est agi de voler avec les moteurs, c'était une tout autre histoire. D'abord, je devais me tenir debout sur les patins de l'hélicoptère, face à la porte, m'accrochant à une barre métallique. Avec les réservoirs pleins, l'aile pesait environ 90 kg. Pour la soutenir dans l'hélicoptère, une barre en métal traversait l'habitacle et une fois que je l'avais enjambée, je pouvais la poser dessus. Il fallait ensuite brancher les manettes, la radio et vérifier que tout fonctionnait correctement. Après le décollage, une fois 1 200 mètres atteints, la procédure de démarrage des quatre moteurs, deux de chaque côté, pouvait commencer. Pas de bouton « *on* » ici, il fallait alimenter brièvement les réacteurs avec des bonbonnes de butane pour les faire partir, un peu comme la manivelle des anciennes voitures. C'était la partie la plus compliquée puisqu'ils ne démarraient pas toujours en même temps. Ces ailes étaient des prototypes en développement permanent et tout ne se déroulait pas toujours comme prévu. Chaque vol était une expérimentation. À 1 500 mètres, les moteurs étaient allumés et l'hélicoptère cessait son ascension. Le bruit était assourdissant. En plus des hélices qui tournaient, il y avait les quatre réacteurs, petits certes, mais qui produisaient tout de même un boucan du diable. Je devais ensuite effectuer un test d'accélération. Je tenais une petite manette équipée d'une roue que je tournais doucement avec le pouce. J'ai senti l'aile gigoter derrière moi, prête à s'amuser. Les moteurs fonctionnaient comme prévu. L'ingénieur à bord a alors décroché les câbles qui servaient à allumer les moteurs.

Après un dernier test radio, j'ai regardé l'ingénieur, tandis que mon cœur battait fort, que l'adrénaline inondait mon corps. J'ai ensuite lâché la barre, levé les bras et senti mon corps basculer en arrière.

Le bruit des hélices de l'hélicoptère a peu à peu disparu jusqu'à ce qu'il ne reste plus que celui de mes réacteurs. J'avais les bras tendus vers l'avant et j'étais en train de tomber. Je n'avais pas mis les gaz immédiatement, l'aile devait d'abord se stabiliser. À cet instant, à part le bruit, tout était comme lors de mes sauts d'entraînement. Mais une fois que mon vol s'est stabilisé, j'ai tenté timidement de tourner la roulette. C'était un moment délicat : si jamais l'un des moteurs explosait ou s'arrêtait, le déséquilibre créé avec les trois restants entraînerait un changement de direction violent et une perte potentielle de contrôle. La machine était conçue de telle sorte que si un moteur s'éteignait, son jumeau s'éteignait automatiquement. Mais ce n'était pas instantané, et le temps de latence était dangereux. Néanmoins cette fois-ci, lorsque j'ai mis les gaz, pas de bruit inquiétant, pas d'explosion et pas de perte de contrôle. Le bruit ne faisait que croître quand, soudain, j'ai senti le harnais qui m'enveloppait le bassin me remonter dans les fesses. Toutes les sangles qui me sécurisaient à l'aile ont commencé à m'emporter. Je me suis retrouvé progressivement enlacé. Les moteurs fonctionnaient ! Ça avait mordu ! Je volais ! J'ai accéléré et j'ai senti que je ne tombais plus, j'étais en train de voler à l'horizontale ! J'ai alors fait tomber mon épaule gauche et changé de direction. Après quelques virages réussis, j'ai enfin compris de quoi parlait Vince. C'était le mélange ultime de l'homme et de la machine. Elle me donnait de la puissance et de la vitesse, mais c'était à moi, avec mon corps, de choisir ce que j'allais en faire. Ce n'était pas comme une voiture ou une moto. Il n'y avait pas de guidon ni de volant. Pour tourner, je devais jouer des épaules, des bras, des jambes, de la tête et des mains. Mais le meilleur restait à venir.

J'ai volé un moment à l'horizontale, mettant progressivement les gaz pour emmagasiner de l'énergie. Puis j'ai commencé à lever la tête, doucement. J'ai cambré le buste et fait tourner un peu plus l'accélérateur. Encore, encore, jusqu'à ce que, pour la première fois de ma vie, je voie le sol s'éloigner de moi.

Je remontais.

C'était étrange, la sensation de la pression de l'air était la même que lorsque j'étais en chute libre, mais les nuages se rapprochaient de moi, ou plutôt, je m'en rapprochais. C'était de la chute libre vers le haut.

J'ai passé encore quelques minutes à m'amuser à descendre et à remonter, à aller où bon me semblait. Je me sentais tellement libre ! Le ciel tout entier, pas juste ce qu'il y avait en dessous de moi, était mon terrain de jeu.

Au bout de 10 minutes, le temps était venu de ralentir. Les 30 litres de kérosène brûlaient vite et il fallait en écouler autant que possible pour alléger au maximum l'aile avant d'ouvrir le parachute, sans pour autant vider complètement les réservoirs, ce qui les endommagerait. J'ai donc cessé d'utiliser l'accélérateur, laissant la résistance de l'air me ralentir progressivement, jusqu'à ce que la vitesse nécessaire soit atteinte pour tirer la première poignée qui déployait le parachute de ralentissement.

Il permettait de freiner l'aile jusqu'à passer d'un vol horizontal à une chute verticale. À cet instant, l'aile n'avait plus aucune portance. C'était l'équivalent du décrochage d'un avion. Ensuite, j'ai tiré la deuxième poignée et le parachute principal s'est ouvert.

J'ai atterri en faisant attention à ne pas heurter le bas de l'aile trop fort sur le sol. Avant même que je me pose, Vince et Yves accouraient pour m'embrasser. J'étais tellement content. J'étais un Jetman, un vrai !

## 12.

Après ce premier vol, nous avons continué à nous entraîner à Empuriabrava tout l'été. À l'exception d'une semaine, au cours de laquelle nous nous sommes rendus, Vince, Yves et moi, en Norvège. On allait y faire du *base-jump*, mais surtout du repérage. Puisque j'avais commencé ma formation motorisée, nous souhaitions réaliser une aventure à trois l'année suivante. L'idée était d'aller en Norvège, en haut des falaises que nous affectionnions tant, Vince et moi, faire installer une immense plate-forme en haut de l'une d'elles afin d'en décoller en Jetman. Nous ferions ensuite une série de vols à travers les nuages et entre les falaises. Cela allait nécessiter beaucoup d'entraînement.

Nous sommes retournés à Dubaï en octobre 2015, mais avant de nous attaquer à la préparation de la Norvège, nous avions un autre projet : voler en formation avec un Airbus A380 d'Emirates, le plus gros avion de ligne au monde, pour réaliser une vidéo. Yves n'a pas voulu que je me joigne à eux car je n'avais pas encore accumulé assez d'heures de vol motorisé. J'étais déçu mais j'ai accepté sa décision. Je me souviens du jour du tournage qui se déroulait dans le ciel au-dessus de Dubaï, au niveau de Palm Island. J'étais dans l'hélicoptère qui venait de larguer Vince et Yves et qui faisait du surplace. Une fois que tous deux se sont envolés, je me suis mis à leur place, sur le bord, les pieds pendant dans le vide, aux premières loges d'un spectacle époustouflant. Devant moi, un A380 faisait des tours ovales au-dessus de Palm Island pendant que deux Jetmans volaient à côté. J'étais tellement fier de Vince à ce moment-là ! Dans l'avion, il y avait quelques VIP dont le prince ainsi qu'une hôtesse, un pilote, un copilote et un photographe. L'hôtesse avait été prévenue la veille qu'elle devait travailler sur un vol un peu particulier, sans plus de précisions. Le photographe nous a raconté après coup que durant le vol, alors qu'elle servait les VIP, elle a regardé par la fenêtre et a vu deux hommes voler à côté d'elle. Elle a failli faire tomber le plateau tant elle était surprise. La vidéo est sortie quelques jours plus tard et le monde était aussi étonné que cette hôtesse.

Mais nous voulions aller plus loin encore. Après le vol avec l'A380, nous nous sommes consacrés à notre projet norvégien. Lorsque nous nous entraînions, il ne pouvait évidemment pas y avoir de parachutistes dans le ciel au même moment que nous. Nous devions donc nous lever tôt pour réaliser deux vols avant que la dropzone à proximité du hangar n'ouvre ses portes, à 8 h 30. Nous nous réveillions à 4 heures du matin pour un départ à 4 h 45. Il faisait encore nuit dans les rues de Dubaï que nous parcourions chacun de notre côté en voiture. Au bout d'un moment, la ville et ses gratte-ciel se dissipaient pour laisser place au désert. Au milieu de celui-ci, une longue route goudronnée, toute droite, nous emmenait, en 40 minutes, au hangar de Jetman. Nous arrivions juste à temps pour le briefing de 5 h 30. Ensuite, nous nous équipions et nous préparions les vols. À 6 heures, le ciel devenait bleu foncé et le soleil s'apprêtait à se lever. 6 h 20, l'hélicoptère décollait et à 6 h 30, les moteurs étaient allumés. On commençait notre premier vol. Les levers de soleil à 300 kilomètres à l'heure au-dessus du désert étaient magnifiques. La poussière du désert réfléchissait la lumière et donnait naissance à un spectacle rouge et orange d'une intensité exceptionnelle. C'était magique.

On enchaînait avec le deuxième vol dès 7 h 30 et une heure plus tard, la dropzone ouvrait. Le reste de la matinée était consacré à la réparation et au développement des ailes. Vince, Yves et moi partagions nos retours de vol du matin et réfléchissions avec les ingénieurs à l'amélioration de telle ou telle composante. C'était comparable à une écurie de Formule 1. Nous bossions sur les ailes jusqu'en début d'après-midi, qui sonnait la fin de notre journée de travail. Nous pouvions ensuite nous reposer, et nous étions couchés à 20 h 30. Je ne suis pas un couche-tôt, mais j'y étais bien obligé. Il était fini, le temps de l'adolescence sans fin, nous étions devenus extrêmement sérieux et rigoureux. Nous buvions peu, avions depuis longtemps arrêté de fumer des joints et nous mangions sainement. Jetman était un projet si intense que nous ne pouvions pas nous permettre de nous comporter comme des *freeflyers*.

Les vols matinaux n'étaient pas quotidiens. Pendant des journées entières, nous ne volions pas et devions réparer ou bricoler quelque chose. Vince était persuadé que le jeu en valait la chandelle, rien que pour ces 10 minutes de vol au-dessus du désert rouge. Pour ma part, j'avais toujours du mal à accepter le déséquilibre entre le temps passé au sol et nos quelques minutes en l'air.

Nous avons poursuivi nos journées sur le même rythme jusqu'à ce que cette période d'entraînement intense soit sublimée par l'arrivée dans ma vie de Laurence. En novembre 2015, une compétition de parachutisme se déroulait sur la dropzone à côté du hangar Jetman où j'avais passé la matinée à travailler. Au début de l'après-midi, je suis allé du côté de la dropzone regarder un peu la compétition qui se déroulait dans la soufflerie. Alors que je m'apprêtais à repartir, l'équipe de France de VR4 mixte et son coach sont sortis par la grande porte coulissante. Ils étaient tous en combinaison et marchaient pratiquement en rythme. On aurait dit *L'Étoffe des héros*. Pour faire une vanne, j'ai fait un pas de recul en faisant semblant de tomber en arrière, comme si j'avais été ébloui par leur arrivée. Ça les a tous fait rire, mais je n'en ai retenu qu'une. Elle avait un rire expressif, un de ceux qui vous donnent envie de rire avec elle. Elle était ravissante, grande, brune. J'ai croisé son regard et j'ai eu des papillons dans le ventre. Puis elle est repartie avec son équipe et je suis rentré, un peu enchanté, regarder les gens dans la soufflerie. Soudain, elle est apparue à mes côtés et s'est présentée.

Laurence était une sacrée parachutiste. Deux fois championne du monde en vol relatif, elle était aussi la première femme à avoir intégré l'équipe de France en catégorie mixte où il n'y avait toujours eu que des hommes. D'ailleurs, après son passage, il n'y a plus eu que des hommes à nouveau. Elle avait déjà rencontré Vince à Capbreton, dans le centre de rééducation des athlètes français. Elle me connaissait de nom par le biais de Vince et, très vite, nous avons passé beaucoup de temps ensemble. Début 2016, alors que Laurence était revenue à Dubaï pour s'entraîner avec son équipe, elle avait réussi à se libérer deux journées entières. Elle était attirée par le projet Jetman et je l'avais fait monter dans l'hélicoptère qui nous larguait pour qu'elle puisse me voir voler. Ce jour-là, on avait volé en formation pendant 10 minutes. J'étais fier de moi, j'avais très bien géré mon vol. Sauf qu'en me posant, juste devant Laurence, j'ai basculé en arrière à cause du vent et je me suis retrouvé coincé sur le dos telle une tortue. C'était très humiliant et j'avais vraiment l'air d'un con. Forcément, il fallait que ça arrive devant Laurence.

Mais ça l'a fait rire, et à chaque fois que j'entendais son rire, je tombais encore plus amoureux d'elle. Le soir, j'ai embarqué une aile de parapente biplace dans le coffre de ma voiture et on a parcouru une demi-heure de route pour rejoindre une crête rocheuse couverte de sable en plein désert. Le vent était idéal pour faire du *soaring*, une discipline où l'on vole grâce au vent qui remonte le long de la crête. C'était notre premier vol ensemble. On a passé 45 minutes dans l'air, collés l'un contre l'autre, devant un coucher de soleil magnifique. J'étais définitivement amoureux.

Laurence et moi ne venons pas du même milieu. Ses parents n'ont jamais mis les pieds sur une dropzone et pourtant, après y être allée pour essayer, elle en est tombée amoureuse. Malgré les protestations de sa famille, elle s'est lancée à fond. C'est une personne incroyablement gentille, drôle, saine et sereine, mais aussi déterminée et sans langue de bois. J'admire ça chez elle, elle n'hésite jamais à dire ce qu'elle pense. On partage aussi l'amour de la montagne, du parachute. Avec le temps, on y a ajouté celui du *base-jump* et de la *wingsuit* qu'on pratique aujourd'hui à deux. Qu'est-ce que j'aime voler avec elle !

De son côté, Vince avait aussi rencontré l'amour de sa vie à Dubaï. En novembre 2013, alors que je me remettais de ma blessure au dos, il y était venu avec Jean-Phi qui s'entraînait encore avec nous. Ils partageaient une chambre. Un matin, Vince lui avait raconté qu'une brune venue d'une île revenait fréquemment dans ses rêves. Il rêvait beaucoup et prenait très au sérieux ce qui lui passait par la tête la nuit. Quelques jours plus tard, alors qu'il était sur la dropzone à côté de Palm Island, il a entendu une grosse voiture arriver. Une Ford Mustang rouge pétant s'est approchée et une jolie brune en est sortie. Vince était timide avec les filles, mais il a quand même eu le courage d'aller lui parler. Il lui a demandé : « *What's your name ?* » Elle lui a répondu : « *Agnes* », en prononçant le « G ». Agnes était hôtesse de l'air pour Emirates et après avoir passé bien du temps à voler dans des avions, elle se rendait sur cette dropzone pour voir ce que ça faisait de ressentir l'air sur sa peau en plein vol. Elle venait de Porto Rico et Vince est tombé raide amoureux. C'était la fille de ses rêves. Littéralement. Je ne l'avais jamais vu aussi heureux.

La situation n'était pas toujours évidente pour nos copines. Sortir avec l'un de nous impliquait en quelque sorte s'immiscer dans un autre couple, celui que je formais avec Vince. Nous étions tellement proches que cela pouvait parfois être frustrant pour nos moitiés. Nous étions malgré tout conscients qu'il était essentiel de faire un effort pour la compagne de l'autre afin de lui laisser une place. Je me suis toujours très bien entendu avec Agnes, Laurence et Vince également. Nous avions des caractères très similaires.

Nos vies amoureuses se transformaient et évoluaient mais le projet Jetman aussi. Matt et Bert, deux nouveaux ingénieurs aéronautiques, nous avaient rejoints l'année précédente pour le faire avancer, notamment la mission en Norvège. Celle-ci allait servir à tourner de belles images mais elle permettrait aussi à Jetman de faire un premier pas vers l'avenir. L'un de nos objectifs lointains était de décoller depuis le sol avec l'aile. Mais en 2016, la fiabilité et la puissance des moteurs et des systèmes rendait l'idée impossible. L'un des scénarios les plus dangereux était l'extinction d'un des moteurs, qui pouvait provoquer un déséquilibre et même retourner l'aile. Si elle se produisait à 2 000 mètres d'altitude, on aurait assez de hauteur pour reprendre le contrôle de l'engin et déployer le parachute. Celui-ci avait besoin, à cette époque, d'un minimum de 200 mètres pour s'ouvrir. Mais en partant du sol, cela impliquait de traverser une zone dangereuse, les premiers 200 mètres, dans lesquels, si un problème survenait, nous n'avions pas la hauteur nécessaire pour ouvrir un parachute. Décoller du sol était ainsi impossible, tandis que partir depuis une plate-forme située au sommet d'une montagne de 1 000 mètres, avec une falaise et une verticale de 400 mètres, nous laissait la hauteur nécessaire pour que les systèmes de sécurité fonctionnent en cas de panne moteur. C'est pour cela que la majeure partie de l'hiver à Dubaï était consacrée à des entraînements. Nous partions depuis une plate-forme accrochée à une montgolfière qui volait à 1 000 mètres. De quoi tester les systèmes et augmenter leur fiabilité. Après plusieurs simulations, nous avons déclenché des pannes moteur dès le départ de la plate-forme, en dessous de la montgolfière, au moment où nous n'avions aucune vitesse et donc où l'aile n'avait aucune portance, afin de nous entraîner à faire face à ces situations. Nous avons poursuivi les entraînements en montgolfière à Empuriabrava au début de l'été avant de nous rendre, prêts à toute éventualité, en Norvège, le 26 juillet 2016.

Le projet était pharaonique. Dès notre arrivée, il a fallu hélitreuiller deux tonnes de matériel en haut de la falaise de Hellesylt, dans l'ouest du pays. Une fois installée, la plate-forme dépassait de 6 mètres et des bidons d'eau pesant plusieurs tonnes servaient de contrepoids, ce qui la rendait extrêmement stable. Pour décoller, il fallait se rapprocher du bord, allumer les moteurs, donner un peu de gaz jusqu'à ce qu'ils nous soulèvent légèrement avant de se laisser tomber vers l'avant. Les premières secondes étaient les plus stressantes. Nous avions prévu des procédures de sécurité individuelles pour chaque seconde suivant le départ. Mais si un problème devait survenir, plus c'était tôt dans le vol, plus c'était dangereux. Le pire scénario était une panne moteur au moment où nos pieds s'apprêtaient à quitter le sol. Mais tout s'est bien passé, à l'exception d'une fois où mes moteurs ont explosé après 6 secondes de vol, m'entraînant dans un tonneau. Ça peut sembler effrayant, mais j'étais tellement entraîné que j'ai immédiatement su quoi faire pour redresser l'aile et ouvrir le parachute en toute sécurité. Agnes et Laurence étaient venues plusieurs jours et même si je sais qu'elles étaient très stressées, elles ne le montraient pas. Elles nous faisaient confiance et savaient que nous étions extrêmement prudents. Laurence a d'ailleurs réalisé avec moi son premier saut de falaise depuis la plate-forme durant ce voyage.

Nous avons effectué une vingtaine de vols durant ces quinze jours, tous plus fous les uns que les autres. Nous étions revenus là où nous avions commencé notre vie non compétitive. La fois précédente, c'était pour réaliser un tête-à-tête en *freefly-base*. Désormais, c'était pour voler en Jetman en partant du haut des falaises. Ce que j'ai pu voir durant ces vols est imprégné à jamais dans ma mémoire. Yves emmenait notre formation et empruntait des trajectoires extraordinaires. On rasait le haut des cascades à 300 à l'heure, nos 12 réacteurs à fond, on volait entre les murs de pierres noires, laissant des traits de fumée derrière nous, on réalisait des loopings devant le Troll Wall, réveillant les trolls au passage.

Je ne garde pourtant pas un très bon souvenir de ce voyage. Ce projet était tellement énorme, cher et compliqué, que Vince se mettait une grosse pression qui, par moments, rejaillissait sur certains d'entre nous. Il était en charge de cette aventure, c'était son idée et Yves lui avait laissé les rênes. À partir du moment où il avait appris à maîtriser les ailes, il était devenu le moteur de Jetman. Il voyait toujours plus loin, plus gros, et voulait installer des moteurs plus puissants. À tel point qu'Yves devait parfois le retenir. C'était incomparable avec nos autres projets en termes de stress, mais aussi en termes de dispositifs et de danger. C'était un autre registre que la *wingsuit*. Il y avait tellement de paramètres à prendre en compte et c'était mentalement épuisant de devoir se préparer à toute éventualité. Tout cela ne laissait que peu de place au plaisir. Durant les vols, nos trajectoires étaient très engagées et comme j'avais un peu moins d'expérience que les autres, je n'ai pas vraiment pu en profiter. Il m'en reste des images incroyables, mais pas de sensations agréables. Vince pouvait hurler dans la radio si mon placement n'était pas parfait. Je ne lui en veux pas, je comprends pourquoi il était autant sur les nerfs.

Peu de temps après, nous nous sommes rendus dans les Dolomites pour un projet Red Bull. Je m'étais chargé de l'organisation car Vince avait fort à faire avec Jetman. Nous voulions faire du freestyle *wingsuit*. L'ambiance était beaucoup plus détendue. Nous n'étions pas une immense équipe, et nous n'avions besoin que de nos *wingsuits* et d'un hélicoptère pour nous emmener

1 500 mètres au-dessus de la magnifique montagne dont le relief avait inspiré le projet. Pendant ces trois jours de tournage, nous sautions de l'hélicoptère et, après une série de figures ensemble dans le ciel, devant les Dolomites qui s'étendaient jusqu'à l'horizon, Vince s'est mis sur le dos pour suivre ma trajectoire. Noah nous filmait. Il devait me faire totalement confiance, car il était à l'envers et volait à l'aveugle alors que nous nous apprêtions à passer entre deux crêtes, à une dizaine de mètres de la montagne. Il s'orientait grâce aux indications que je lui fournissais avec la radio et la position de mon corps. C'était un vol extrêmement engagé et intime. Le lien était tellement fort entre nous, Vince me faisait tellement confiance, que même à 180 à l'heure, à quelques mètres d'une falaise dans son dos, il me regardait avec un grand sourire. Il me confiait sa vie. Et je lui faisais entièrement confiance pour suivre à la lettre mes instructions. Évidemment, avant ce saut, nous avions pratiqué ce type de vol des centaines de fois. Sorti du contexte Jetman, je retrouvais mon Vince. Ce répit n'a été que de courte durée car juste après ce séjour italien, nous sommes retournés à Empuriabrava pour une nouvelle aventure Jetman. Contrairement à mon expérience mitigée en Norvège, je savais que celle-ci vaudrait tous les sacrifices qu'il avait fallu faire jusqu'ici.

Quelques mois plus tôt, alors que Laurence était avec Vince, Yves et moi au hangar de Jetman à Dubaï, Vince avait lancé l'idée folle de voler en Jetman avec la Patrouille de France. Il l'avait dit comme ça, c'était une parole en l'air, un rêve totalement irréalisable. Sauf que

Laurence, qui est militaire, avait répondu : « Mais le directeur de la PAF est un pote ! On peut lui demander si vous voulez. » On ne savait pas trop si elle se moquait de nous, et je ne l'ai pas vraiment crue sur le moment. Mais voyant nos visages interloqués, elle a ajouté : « Si, je vous assure ! On l'appelle tout de suite. » Et c'est ce qu'on a fait. On s'est donc retrouvés à parler à Arnaud Amberg, le directeur et ex-leader de la Patrouille de France. Arnaud connaissait Jetman et suivait l'aventure depuis quelques années. Quand on lui a demandé s'il était envisageable de réaliser un vol ensemble, il a tout de suite dit oui ! En revanche, puisqu'il était en poste jusqu'à fin octobre 2016, il fallait que ça ait lieu avant. On a raccroché et on a regardé Laurence, bouche bée. Elle nous avait fait le plus beau des cadeaux. Mais avant d'y arriver, il nous faudrait plusieurs mois pour organiser les détails de l'aventure et surtout obtenir l'aval de l'état-major de l'armée de l'air. Après plusieurs allers-retours, Arnaud nous a appelés : « Putain, c'est bon les gars ! Ils ont dit oui ! » Arnaud est un type assez insupportable de perfection et de sympathie. Leader de la Patrouille de France, grand, beau, des yeux bleus perçants et des cheveux blonds parfaits. En plus de ça, il a de l'humour et il est humble comme personne. Il aurait pu être le genre de mec à se la raconter, mais il ne le faisait pas. Insupportable, vous dis-je. Je l'adore.

Grâce à lui, nous avons pris rendez-vous début octobre 2016, sur une base militaire du Vaucluse, au plateau d'Albion. Avant de nous y rendre, nous avions fait quelques vols d'entraînement à Empuriabrava avec un Beech 99, pour nous habituer au vol en formation à haute vitesse. L'un des problèmes majeurs du projet était que la vitesse minimale des Alphajet de la Patrouille de France était la vitesse maximale que pouvaient atteindre les ailes Jetman en vol horizontal : 270 kilomètres à l'heure. C'était bien au-dessus de notre vitesse de croisière de 185 kilomètres à l'heure. Mais lors de l'entraînement à Empuriabrava, on s'était sentis à l'aise et on se pensait capables de rester stables, malgré la vélocité.

Le tournage devait se dérouler les 3 et 4 octobre. La veille du premier jour, je me suis rendu avec Vince et Yves à Salon-de-Provence, dans les locaux de la Patrouille de France, pour un briefing. Étaient présents les trois pilotes Jetman – nous –, Arnaud, Hervé Aubert, le pilote n° 9 de la PAF, capable de remplacer n'importe lequel de ses collègues, sauf le leader, ainsi que les équipes de production. Pour nous filmer, un des caméramans serait emmené par un avion de voltige de l'armée de l'air qui volerait notamment sur le dos au-dessus de nous pour obtenir les prises de vues nécessaires. Le lendemain, Vince et moi avions prévu un premier vol d'entraînement avec Arnaud et Hervé. Celui-ci allait leur permettre de se rendre compte de la stabilité de notre vol afin de briefer les huit autres pilotes de la Patrouille de France pour les vols en formation complète. C'est ainsi que je me suis retrouvé avec Vince, chacun d'un côté d'un hélicoptère qui nous emmenait à 1 200 mètres. Nous nous étions coordonnés avec les pilotes, qui décollaient de Salon-de-Provence, pour qu'ils arrivent au même moment que nous. Nous avions dessiné une trajectoire ovale, comme un hippodrome, dans le ciel, que les Alphajet allaient suivre. Notre hélicoptère était au centre et une fois que nos moteurs seraient allumés, nous rejoindrions leur trajectoire.

Debout l'un devant l'autre, nos cœurs battaient déjà fort dans l'hélicoptère quand soudain, nous avons vu les deux Alphajet arriver. Si nous nous étions arrêtés là, ça aurait déjà été dingue. On était comme dans un film. Mais nous n'en étions qu'au début. Nous avons allumé les moteurs pendant qu'Arnaud et Hervé nous tournaient autour et nous sommes partis les rattraper. Hervé devait servir de point d'ancrage et mon objectif était de me rapprocher autant que possible de lui, tout en gardant une distance minimale de sécurité. Pendant ce temps, Vince, derrière moi, filmait la scène. Arnaud était un peu plus loin et, en fonction de la stabilité de la formation, il viendrait se joindre à nous.

On s'est approchés doucement mais sûrement, les gaz à fond et dans un boucan immense, quand soudain, je me suis retrouvé à niveau avec Hervé. J'étais à quelques mètres de l'aile d'un Alphajet de la Patrouille de France, à 275 kilomètres à l'heure au-dessus du plateau d'Albion ! Je n'y croyais pas ! Alors que je vivais déjà l'expérience la plus folle de ma vie, je vois dans mon champ de vision à gauche une autre aile d'Alphajet bleu se rapprocher. J'ai tourné la tête et j'ai vu Arnaud qui, dans son cockpit, me faisait des signes de la main pour me dire : « On est en train de le faire Fred ! » Notre vol étant très stable, il avait décidé qu'il pouvait se rapprocher de nous. C'était absolument incroyable, j'en avais les larmes aux yeux. Vince, qui était derrière moi, aussi. Tous les deux, on s'est revus, gamins, à plier des parachutes sur la dropzone de Lapalisse. Quinze ans plus tard, on volait avec des ailes en carbone motorisées avec des avions de la Patrouille de France. Honnêtement, j'avais du mal à y croire.

Au bout de 10 minutes, nous nous sommes séparés pour ouvrir nos parachutes. Les moteurs étaient coupés, les Alphajet s'éloignaient et le niveau sonore redescendait quand soudain le bruit a repris de plus belle. Alors que Vince et moi étions sous voile, on a vu Hervé et Arnaud accélérer vers nous avant de faire un looping à pleine bourre. Juste comme ça, pour nous. C'était notre looping de Patrouille de France personnel. À cet instant, on s'est dit que c'était bon, on pouvait tout arrêter là. Ça nous aurait suffi.

Après ce premier vol, Hervé et Arnaud nous ont briefés pour faire un tapis. C'est le terme qu'utilise la Patrouille de France pour décrire le drapeau tricolore qu'elle peint dans le ciel avec des fumigènes. Puisque les réacteurs de nos ailes produisaient une fumée blanche grisâtre, nous dessinerions la bande centrale pendant que les Alphajet se chargeraient du bleu et du rouge. Nous avons donc réalisé un tapis avec Hervé et Arnaud lors du deuxième vol. C'était extraordinaire.

Puisque tout s'était bien passé, le lendemain, nous pouvions renouveler cette folie, mais avec trois Jetman et huit Alphajet. Yves avait réalisé deux vols d'entraînement après nous et était tout aussi incrédule. Pour lui, ancien pilote de chasse, voler avec la Patrouille de France, réputée rassembler les meilleurs pilotes du monde, était inespéré. Ce jour-là, nos parents étaient venus pour assister au spectacle. Pour mon père, ancien de l'armée de l'air, voir son fils voler avec la Patrouille de France a dû lui faire un petit effet. Malheureusement, lors du démarrage des moteurs, Yves a eu un problème technique et les siens ne se sont pas lancés. Les nôtres tournaient déjà et il nous a dit d'y aller sans lui. Au même moment, huit Alphajet en formation diamant, ont foncé vers nous et nous sommes allés les rejoindre pour jouer.

D'habitude, la Patrouille de France ne vole pas en formation rapprochée à si basse vitesse. Mais suite aux vols d'entraînement, Arnaud avait décidé de faire une exception. Résultat : depuis le sol, nos parents voyaient huit Alphajet en formation diamant rapprochée, ainsi que deux petits moustiques, nous, juste à côté. Autour de tout ce monde, un avion voltige se baladait pour filmer l'ensemble. Sacré spectacle. De notre point de vue, c'était encore plus fou que la veille. On avait l'impression d'être de vrais superhéros. Après quelques tours ensemble, on nous a annoncé à la radio que le moment du tapis était arrivé. Vince et moi nous sommes éloignés avant de nous positionner au-dessus des Alphajet. Tout d'un coup, les huit avions ont lancé leurs fumigènes. Nous étions 10 mètres au-dessus avec nos traînées blanches. C'était tellement beau. Encore aujourd'hui, nous sommes les deux seules personnes à avoir volé avec la Patrouille de France sans détenir le moindre brevet de pilote. Les difficultés de Jetman, le temps qu'on avait passé au sol, le stress, les angoisses, tout cela valait la peine rien que pour cet instant.

Après avoir atterri et rempli les réservoirs, nous sommes repartis pour un deuxième tour, avec Yves cette fois-ci. Nous étions contents de partager ce moment avec lui. C'était notre mentor, celui qui avait rendu ce projet possible. Il avait inventé la machine ultime et, après toutes ces années, avait réussi l'impensable. C'était pour lui une légitimation immense que les meilleurs pilotes du monde fassent assez confiance à son invention pour voler en formation avec elle. Il y avait de quoi bomber le torse. À l'atterrissage, il avait des étoiles plein les yeux, répétant en boucle que c'était le Graal.

Le soir, on avait rendez-vous dans le bar de la Patrouille de France à Salon-de-Provence pour fêter ça. Nos parents étaient là, des discours ont été prononcés, des toasts portés, et on nous a remis, à Yves, Vince et moi, une médaille estampillée Patrouille de France qui n'est distribuée qu'aux pilotes de la Patrouille et à certaines personnes qui ont volé avec eux. C'est une médaille spéciale avec toute une légende qui l'entoure selon laquelle il faut toujours l'avoir sur soi, parce que le jour où l'on croise un autre détenteur de la médaille et que celui-ci la dégaine et qu'on ne l'a pas, on doit offrir sa tournée. Elle n'a jamais quitté mon portefeuille.

Ce jour-là, il ne manquait que Laurence, c'était elle qui avait permis ces vols. Elle se préparait pour un championnat du monde de VR4 à Chicago et son emploi de temps ne lui avait pas permis de se libérer. J'étais triste qu'elle ne puisse pas assister à notre vol. Cette expérience est le deuxième plus beau cadeau qu'elle m'ait fait. Le premier était d'avoir accepté de m'épouser. Vince aussi, avait demandé Agnes en mariage en la faisant monter dans un hélicoptère tôt un matin au-dessus de Dubaï, soi-disant pour qu'elle puisse le voir voler en Jetman. Durant le vol, Vince avait déployé son aile sur laquelle il avait écrit : « *Agnes, will you marry me ?* » J'étais à ses côtés avec l'équipe Jetman dans l'hélicoptère. C'était trop beau.

Fin août 2016, entre le voyage Jetman en Norvège et les sauts en *wingsuit* dans les Dolomites, nous avions fêté leur union à la mairie de Pontpoint. Son frère et moi étions ses témoins. En avril 2017, nous nous étions retrouvés tous ensemble sur une plage de Porto Rico pour fêter ça pour de vrai. Vince voulait arriver en parachute, comme son père pour son mariage. Nous étions censés sauter ensemble mais la météo n'était pas d'accord. On a quand même passé un moment incroyable.

Huit mois plus tard, c'était à notre tour, à Laurence et moi. Le 16 décembre, nous nous sommes retrouvés à la mairie de Thônes, la capitale du reblochon, en Haute-Savoie. Vince et Jeff étaient mes témoins. Laurence a insisté pour que je porte un costard et un nœud papillon, mais moi j'ai tenu à porter des baskets blanches. Elle était tellement belle dans sa minijupe noire. On a fêté ça dans un grand chalet à La Clusaz. Les alentours étaient tapissés d'une épaisse couche de neige. C'était magnifique.

# 13.

Comme après chaque fin de projet, Vince et moi nous sommes dit : « Ça, c'est fait. *Next ?* » En partant le lendemain de notre vol avec la Patrouille de France, nous n'en revenions toujours pas. Mais nos aventures n'allaient pas s'arrêter là. Nous nous sommes rendus en Guadeloupe fin octobre pour réaliser un nouveau projet vidéo. Nos tournages se déroulaient essentiellement dans des milieux urbains ou en montagne, et pour changer, nous avions envie de réaliser des images de *freefly* et de *wingsuit* au-dessus de la mer et de la plage. Malheureusement, lors de notre troisième saut, j'ai effectué un *swoop* sur la plage et mes fesses ont tapé le sable mouillé, donc dur. Je me suis cassé la même vertèbre qu'en 2013. J'étais écœuré, j'en avais pour trois mois d'arrêt.

Le tournage a été annulé mais comme à chaque chose malheur est bon, nous allions pouvoir nous reposer après ces mois de folie. Nos vacances ont été perturbées le 11 octobre par un mail glacial de Jetman. Notre contrat était terminé. Nous savions qu'il y avait des problèmes de gestion au sein du groupement de sociétés auquel appartenait Jetman Dubai, mais nous étions surpris de l'apprendre ainsi. Des audits avaient été commandés et notre activité, suspendue. Nous étions plus que déçus. Yves n'étant plus propriétaire de Jetman, il n'avait pas son mot à dire et ne pouvait que se plier à la décision prise. Vince et moi avons rapidement tenté de trouver une solution afin de relancer le projet, malgré les protestations d'Yves qui martelait qu'il était hors de question de travailler de nouveau avec eux. Cependant, nous n'avions pas d'autre solution puisque le projet leur appartenait.

Ma déception était réelle, mais moindre que celle de Vince. Il voulait aller plus loin. Les ailes devenaient très performantes et il était persuadé que d'ici quelques années, il serait possible de décoller et même d'atterrir avec. Il était obsédé par cette idée et faisait tout ce qu'il pouvait pour y arriver.

Dans la mesure où ce projet n'allait pas immédiatement se remettre sur les rails, c'était l'occasion pour nous de nous lancer dans une autre aventure.

Le monde du parachutisme était resté bouche bée en juillet 1997, lorsque Patrick de Gayardon, dit Deug, la légende du parachutisme, avait signé une cascade inimaginable. À l'aide d'un de ses tout premiers prototypes de *wingsuit*, il était sorti d'un avion, avait volé quelque temps à côté de celui-ci, avant d'y entrer à nouveau. Ça avait tellement marqué les esprits que les scénaristes du *James Bond* suivant, *Golden Eye*, reproduiraient l'exploit dans la scène d'intro du film. Il nous avait également inspirés, Vince et moi, et on avait gardé en tête l'idée de reproduire cette cascade à deux. Je me souviens, en 1997, à La Ferté-Gaucher, voir Deug arriver et nous montrer des cassettes vidéo de ses entraînements. Ça m'avait impressionné. En 2016, nous avions réalisé quelques vols en *wingsuit* en formation avec un Pilatus piloté par un jeune Français, Philippe Bouvier. On s'était tout de suite rendu compte qu'on arrivait à bien voler avec l'avion. C'est alors qu'on s'est dit que c'était avec ce pilote et cet avion que nous pouvions reproduire le projet de Gayardon. Avec l'arrêt de Jetman, nous aurions le temps de nous y consacrer. Puisque nous étions en 2017, c'étaient les vingt ans de ce souvenir.

En début d'année, nous étions à Dubaï pour tenter de relancer Jetman et je logeais chez Agnes et Vince. Un matin, alors que j'étais assis sur le canapé du salon, j'ai vu Vince qui venait de se réveiller débarquer en caleçon, les cheveux pleins d'épis. Il m'a dit : « Putain mec ! Je viens de rêver qu'on rentrait dans l'avion mais qu'on sautait depuis une falaise. »

Au début, j'ai un peu flippé. Sortir puis rentrer dans un avion en plein vol était difficile, mais y entrer en partant d'un point fixe ajoutait plusieurs difficultés importantes. La première était qu'en *base-jump*, il faut utiliser un parachute spécial qui n'est pas équipé d'un système de sécurité capable d'ouvrir le parachute de secours automatiquement en cas de problème. C'était une perspective effrayante puisque si jamais nous venions à taper dans l'avion, à nous casser un bras ou à perdre connaissance, il n'y aurait pas de dispositif capable d'ouvrir la voile à notre place. Ensuite, il fallait être capable de calibrer notre vol en *wingsuit* depuis une vitesse zéro alors que l'avion arriverait à 150 kilomètres à l'heure.

Ma première réaction a donc été de penser que ça allait être chaud. Mais c'était un projet qui nous correspondait. On ne répétait pas à l'identique celui de Deug, on y ajoutait une difficulté qui permettait de mélanger les disciplines, ce qui était la marque de fabrique des Soul Flyers. Nous avions déjà évoqué la possibilité de sauter depuis une falaise, mais le fait que Vince l'ait rêvé nous a poussés à y arriver.

Dans un premier temps, on en a parlé à Yves. Il était notre « Général », ainsi que nous aimions l'appeler par affection. Nous formions une belle équipe tous les trois. Il a tout de suite été emballé par l'idée et s'est investi pour nous aider à la réaliser. Ensuite, il a fallu trouver la montagne capable d'accueillir ce projet : qu'elle soit assez haute et raide pour qu'on puisse en sauter, voler un moment avec les *wingsuits* et venir à la rencontre de l'avion qui devrait naviguer entre les cols pour nous atteindre. On a eu l'idée de sauter depuis la Jungfrau. Depuis son sommet à 4 000 mètres, on pouvait réaliser l'un des sauts en *wingsuit* les plus longs d'Europe, 3 200 mètres de dénivelé, avant de se poser à 800 mètres. Cela laissait plus de temps dans l'air et une plus large fenêtre pour entrer dans l'avion.

Après un saut de repérage qui nous a confirmé qu'on sauterait à la Jungfrau, on est partis pour Empuriabrava, s'entraîner avec l'avion et Philippe. C'était le partenaire parfait, non seulement excellent pilote, mais aussi parachutiste confirmé. Il connaissait donc les contraintes à surmonter pour réussir. Nous avons demandé à Yves d'être le copilote car il connaissait les montagnes suisses comme sa poche et, surtout, il nous connaissait par cœur.

La majeure partie des vols ont consisté à sauter depuis l'avion piloté par Philippe et à voler à côté de lui pour s'habituer aux turbulences de l'air produites par l'avion. C'était impressionnant. En fonction de l'endroit où on se plaçait autour de l'appareil, on l'entendait plus ou moins. Parfois, l'air se déplaçait de telle sorte que même si nous étions proches, on ne percevait presque pas le moteur ou l'hélice qui tournaient. D'ailleurs, c'est souvent la première question que nous posent les gens : « Mais il n'y a pas le risque de se faire découper par l'hélice ? » C'était théoriquement possible mais on savait que pour toucher l'hélice qui était tout à l'avant, il aurait fallu fournir un effort pour l'atteindre. La vitesse de l'avion était calée sur notre vitesse de croisière en *wingsuit*. Pour heurter l'hélice, il aurait fallu accélérer volontairement, alors qu'en cas de perte d'équilibre ou d'erreur, on serait ralentis, donc entraînés à l'arrière de l'avion. Il n'y avait donc pratiquement aucun risque de heurter l'hélice. Au fur et à mesure des sauts, on a commencé à comprendre comment se déplaçait l'air autour de l'appareil et à savoir l'exploiter pour s'en rapprocher autant que possible. On a fini par être en symbiose avec Philippe et le Pilatus, et assez à l'aise pour créer des chorégraphies : attraper le bout des ailes, toucher les roues, réaliser des croisements, tourner autour, voler sur le dos et s'accrocher par en dessous aux haubans qui consolident l'aile.

Une fois le vol en formation avec le Pilatus maîtrisé, nous pouvions envisager une entrée. Quelques années plus tôt, en 2015, un Brésilien avait réussi à pénétrer dans un Pilatus comme Deug. Mais il s'était brisé une côte au passage... Nous voulions absolument éviter de nous blesser et de faire ce qu'on avait baptisé une entrée « à la brésilienne ». Nous y sommes donc allés progressivement. Nous avons commencé par essayer d'effleurer la porte avec les mains, mais avons rapidement compris que lorsqu'on se rapprochait trop de la carlingue, une zone de turbulences intense rendait tout vol stable impossible. C'est ce qui était arrivé au Brésilien : il avait pris trop de vitesse pour tenter de surmonter la turbulence. La difficulté était donc de prendre suffisamment de vitesse pour franchir cette zone, mais pas trop pour ne pas s'écraser violemment dans l'avion.

Fin juillet, nous n'avions toujours pas essayé. On savait que Deug avait réussi son coup le 29 juillet 1997. C'était parfait, on allait tenter notre première entrée dans l'appareil le 29 juillet 2017, tout juste vingt ans après. Quelle chance ! Mais pour ça, il fallait préparer le Pilatus. On ne pouvait pas y entrer sans rien changer, car on aurait risqué de se blesser sur la porte, de s'écrouler contre les sièges ou de se frapper la tête contre les barres auxquelles les parachutistes s'accrochent. On a vidé l'intérieur et enlevé la porte. Ensuite, on a tapissé l'ensemble de mousse avant de s'attaquer à la pièce de résistance : on voulait installer à la place des bancs un matelas sur lequel atterrir. Mais pas n'importe quel matelas.

Notre recherche a donné lieu à une scène assez cocasse : Vince et moi sommes allés dans un magasin de literie à côté de la dropzone, en Espagne. Le vendeur nous a demandé quel type de matelas nous cherchions et nous avons hésité à lui expliquer que c'était pour atterrir dessus en plein vol dans un avion. Mais on s'est dit qu'il allait halluciner et on est restés vagues. Il nous a laissé parcourir nous-mêmes son stock. On a passé une heure à courir à travers le magasin. Quatre mètres avant les matelas que nous testions, nous bondissions pour atterrir dessus sous le regard éberlué du vendeur, afin de simuler les véritables conditions d'utilisation. Malheureusement, aucun des matelas du premier magasin ne nous convenait et ce n'est que dans le second que nous avons trouvé notre bonheur. Tout était donc prêt pour nos premières entrées dans l'avion le 29 juillet. Il n'y avait aucun doute dans notre esprit : nous allions y arriver.

Mais le jour venu, rien ne s'est passé comme prévu. Alors que nous étions près de la porte, nous nous en sommes rapprochés avec de la vitesse pour passer à travers les turbulences. À chaque fois, on heurtait violemment la carlingue ou on se cognait contre le rebord de la porte. Ça nous énervait de ne pas y arriver. On a réessayé plusieurs fois, mais rien à faire. Non seulement nous étions contrariés de rater cette date symbolique, mais notre projet s'avérait beaucoup plus difficile que ce à quoi nous nous attendions. Je pense que nous avons tous les deux fait un blocage sur le passage de la porte. Nous étions focalisés sur ce point car nous avions peur de la heurter. Comme lorsque, à vélo, si un poteau approche et qu'on le fixe, on s'y cogne inévitablement.

Le lendemain, nous savions que nous devions fixer un point à l'intérieur de l'avion. Nous pensions aussi à autre chose. Les tentatives de relance de Jetman que nous mettions en œuvre en parallèle occupaient énormément notre esprit, surtout celui de Vince. Entre chaque saut, il envoyait des mails et des messages, ce qui n'était pas idéal car le genre de vol que nous préparions demandait du calme.

Le lendemain, nous avons donc tenté une nouvelle entrée. J'étais censé passer le premier et lorsque je me suis retrouvé à niveau avec la porte, j'ai pris beaucoup plus de vitesse que la première fois et j'ai penché mon corps vers la gauche. Tout est allé très vite, j'ai senti mon pied heurter le haut de la porte – la seule partie que nous n'avions pas tapissée de mousse – et tout à coup, je me suis retrouvé à genoux sur le matelas, dans l'avion. J'avais réussi ! C'était une entrée à la brésilienne et tellement bourrine que je m'étais fait un gros hématome au pied, mais j'avais réussi. Je me suis retourné vers l'ouverture et j'ai regardé Vince voler à côté de l'avion. Soudain, il a pris de la vitesse et s'est approché rapidement de la porte… mais il était trop bas et je l'ai vu se cogner contre le rebord avant de disparaître. J'ai immédiatement penché la tête. Il était derrière l'avion, à nouveau en vol, et descendait pour ouvrir son parachute.

L'impact avait été violent et il s'était fêlé une côte. À l'issue de la journée, nous étions contents puisque nous savions désormais comment parvenir à nos fins, mais il nous restait à acquérir de la finesse. Nous nous étions aussi fait peur. En nous cognant contre le rebord de la porte, nous risquions de perdre connaissance ou de provoquer une ouverture intempestive du parachute. Il fallait faire une pause. Ce projet était trop dangereux pour être pris à la légère. Nous avons passé les trois semaines suivantes à nous remettre de nos blessures et à analyser les nombreuses vidéos que nous avions de nos quelques tentatives. Ce visionnage nous a permis de comprendre que nous devions modifier nos parachutes pour minimiser le risque d'ouverture intempestive, emprunter des trajectoires d'approche de l'avion différentes, qui nous permettraient de l'atteindre plus tranquillement. Enfin, nous avions trouvé une solution digne de la plus haute des technologies pour ne plus penser à la porte. À l'intérieur de l'avion, nous avons collé un gros autocollant vert sur lequel était écrit en lettres jaunes : « Reblochon fermier, fabrication traditionnelle dans les fermes de la Haute-Savoie. » Nous étions prêts.

Le 15 août, nous avons repris les entraînements et après quelques sauts pour nous réhabituer à voler à proximité de l'avion, Vince a tenté sa première rentrée qui a été parfaite. Il s'est posé en douceur sur le matelas et quelques secondes plus tard, je l'ai retrouvé dans l'avion. On avait tellement bien réussi, et avec suffisamment d'altitude, qu'après avoir vérifié que notre matériel était en bon état, nous sommes sortis de l'appareil avant d'y rentrer tous les deux à nouveau. C'était une première complètement folle.

Tout au long du vol, Max Haim, notre ami et caméraman pour le projet, a volé en *wingsuit* à côté de l'avion et a assisté à cette double entrée. Il a halluciné ! Nous avions réussi une dizaine d'entrées chacun dans l'appareil et nous nous sentions prêts. Nous avons donc fixé la date de notre projet au début septembre.

Nous nous sommes rendus à la Jungfrau pour réaliser deux derniers sauts d'entraînement, dont un pour programmer le moment où nous retrouverions l'avion en plein vol. Grâce à Yves, qui coordonnait les départs, nous avons réussi du premier coup à nous en rapprocher, sans tenter d'y entrer. Pour chaque saut, il fallait se faire déposer tout en haut de la montagne en hélicoptère. Nous devions ensuite marcher environ 200 mètres le long d'une crête avec des crampons, accompagnés par un guide de haute montagne. Ensuite, nous réalisions un rappel de 30 mètres pour atteindre notre point de départ. Nous étions à 4 000 mètres d'altitude, les pieds dans la neige. Il faisait froid et c'étaient les conditions les plus extrêmes que nous ayons dû affronter lors d'un départ de falaise. La pression était au maximum, notamment parce que notre fenêtre météo se refermait. Au cours de la journée, le vent allait s'intensifier. Les prédictions météo pour les jours suivants étaient si mauvaises que nous ne pourrions réessayer. Pour organiser le saut, il fallait faire venir l'avion depuis l'Espagne et nous ne pouvions pas le garder, ainsi que toutes les équipes techniques et le dispositif pour filmer le projet, en stand-by pendant des jours. Il fallait que ça marche.

Nous sommes donc montés dans l'hélicoptère et une fois de plus, nous avons parcouru la crête, réalisé la descente en rappel. Dès que le premier de nous est arrivé sur l'exit (le point de départ), il a appelé Yves et Philippe pour qu'ils décollent. Le temps que le deuxième descende, qu'on enlève nos harnais de rappel et nos crampons, l'avion était à proximité et nous pouvions nous préparer à sauter. Mais on sentait le vent monter, les conditions n'étaient pas idéales même si elles entraient dans les limites que nous nous étions fixées. Alors que nous étions collés à un petit rocher d'un mètre carré couvert de neige en haute montagne avec le vide à nos pieds, Vince m'a demandé d'un ton inquiet ce que j'en pensais. J'ai répondu en rigolant : « Mais non regarde, si tu baisses la visière de ton casque, il n'y a plus de vent. » Ça nous a fait marrer et ça nous a un peu détendus. Soudain, on a entendu le bruit distinct d'un Pilatus à l'approche, et Philippe et Yves sont apparus au-dessus de nous. On a alors entendu à la radio la voix rassurante de notre Général qui nous a donné le top départ. C'était incroyable, on se serait crus dans un film de *James Bond* ! On s'est regardés une dernière fois et on a sauté.

Dès le début du vol, on ressentait des turbulences et devant nous, on a vu l'avion brassé par le vent. On savait que c'était trop dangereux et qu'il fallait attendre pour tenter une entrée. Heureusement, ça s'est calmé et d'un coup, on a arrêté de gigoter. Mais on avait perdu du temps. Au bout de quelques secondes de vol stable, on a entendu le « *Go for entry* » d'Yves à la radio. Vince s'est rapproché de l'avion et, en effectuant un petit virage comme on s'y était entraînés, il a traversé la zone de turbulence et est entré dans l'avion. Ce n'était pas son entrée la plus délicate, une demi-brésilienne dirons-nous, mais il y était arrivé. Il ne manquait plus que moi.

À cause du temps que nous avions perdu, je me suis précipité et j'ai oublié de fixer l'autocollant reblochon. Je ne sais pas si cet autocollant s'est rendu compte de son importance, parce qu'en oubliant de le regarder, j'ai fixé le rebord de la porte et lorsque je me suis lancé pour entrer, je me suis écrasé contre lui. L'impact m'a envoyé faire plusieurs tonneaux vers le bas pendant que le Pilatus et Vince s'éloignaient de moi. J'ai réussi à reprendre le contrôle du vol. C'est alors que j'ai pris conscience que notre préparation et les mesures de sécurité que nous avions mises en place fonctionnaient. Nous nous étions fixé un point à partir duquel nous ne tenterions aucune entrée dans l'avion. À cet instant, nous étions tellement larges que j'ai eu le temps de stabiliser mon vol, de rassurer Vince, Yves et Philippe à la radio, et de me diriger vers la vallée. Vince a décidé de sauter pour me rejoindre à l'atterrissage. Quoi qu'il arrive, on voulait atterrir à deux, que ce soit dans l'appareil ou en parachute.

Une fois au sol, j'étais dépité. Je m'en voulais d'avoir raté, nous étions si près de la réussite. Et je savais aussi que c'était notre seule et unique chance. Nous ne pourrions pas tenter de nouveau l'exploit dans les prochains jours et il n'était pas garanti que nous obtenions une seconde chance. Le projet avait déjà coûté cher et il n'était pas évident que Red Bull accepte de continuer. Et puis, même si nous obtenions l'accord de notre sponsor, il y avait la question de la météo. Nous étions presque fin septembre et elle n'allait qu'empirer. Nous craignions de devoir attendre six mois que l'hiver passe alors que nous étions très entraînés, motivés et prêts à en découdre. Nous n'étions pas habitués à vivre des échecs comme celui-ci.

Mais parfois, pour réaliser un rêve, il faut un peu de chance. Un immense anticyclone se dirigeait vers la

Suisse et une fenêtre s'ouvrait début octobre. Red Bull nous a fait confiance et nous a donné le top départ pour réunir l'équipe. C'était un vendredi 13 octobre et nous étions contents de sauter un jour pareil. C'était *black death*. Le ciel était d'un bleu pétant. Il faisait un temps magnifique et il n'y avait pas le moindre vent.

L'avion est passé, Yves a donné le top départ, on a sauté, mieux préparés et plus sereins que la fois précédente. La coordination d'Yves était parfaite, la trajectoire de Philippe aussi, et on s'est rapprochés de l'avion. Un peu, trop même. Vince a tenté une entrée, mais il a voulu être trop délicat et était trop proche ; il n'a pas pu prendre assez de vitesse pour traverser les turbulences. Il a heurté la porte. J'ai voulu essayer après lui et j'ai commis exactement la même erreur. Décidément, c'était vraiment très difficile de rentrer dans un avion en plein vol. On a atterri une fois de plus avec le goût amer de l'échec. On ne pouvait que s'en vouloir. On voulait être tellement doux qu'on était trop lents. Mais ceux qui nous entouraient nous ont immédiatement encouragés à y retourner. On est restés concentrés, on a débriefé, analysé, replié les parachutes et on est repartis.

À 14 heures, on était à nouveau sur l'exit qu'à force, on commençait à connaître. On a sauté. Le départ était parfait, on a rejoint l'avion très tôt dans le vol, ce qui nous a laissé le temps de souffler et de reprendre nos esprits. Vince devait passer en premier. Il s'est aligné avec la porte, a pris un instant et s'est lancé. Il est passé parfaitement. Yes ! C'était mon tour. Il nous restait beaucoup de temps, j'ai donc volé un instant à côté de l'appareil, répétant une dernière fois le geste dans ma tête. J'ai soufflé et dirigé mon corps vers la porte, fixant l'autocollant de reblochon comme si je voulais aller le croquer. Vince hurlait comme un fou pour m'encourager depuis l'avion. La vitesse était idéale, j'ai traversé les turbulences sans problème, les rebords de la porte se sont approchés et je me suis soudain retrouvé dans les bras de Vince. On avait réussi ! Les larmes coulaient à flots. Yves hurlait dans la radio et s'est penché par-dessus son siège pour nous taper dans les mains. Après tant de mois de stress, d'entraînement, d'angoisse, de doute, on avait réussi le projet le plus difficile de notre carrière. Vince et moi avons passé un bon moment allongés ensemble dans l'avion.

Une fois que nous étions au sol, Vince m'a demandé si moi aussi j'avais vu le petit papillon. Effectivement, lorsqu'on s'équipait sur le haut de la Jungfrau, un petit papillon s'était posé sur un rocher à nos pieds. Il avait des ailes brunes avec des taches décoratives. Qu'est-ce qu'un papillon foutait à 4 000 mètres d'altitude en pleine haute montagne ? On s'est dit que c'était Deug qui était venu nous faire un petit coucou et nous dire que, cette fois, c'était la bonne.

# 14.

La sortie de la vidéo du projet *Door in the Sky* a marqué un tournant dans nos carrières car en moins d'une journée elle avait déjà accumulé des millions de vues. Si quelques-uns de nos précédents projets avaient déjà bien tourné sur les réseaux sociaux, c'était incomparable. Pour Red Bull, c'était le deuxième plus gros coup médiatique de tous les temps. Ensuite, nous avons été énormément sollicités, notamment par le *New York Times*, pour participer à des conférences visant à partager notre expérience. Curieusement, sauter depuis une falaise à 4 000 mètres et entrer dans un avion en plein vol nous effrayait moins que la perspective de raconter notre histoire devant des centaines de personnes.

En parallèle, l'audit de Jetman s'est achevé et on nous a proposé début 2018 de relancer le projet. Mais Yves, qui n'avait toujours pas digéré l'arrêt de l'aventure un an auparavant, ne voulait plus avoir affaire à Dubaï. Vince et moi étions au contraire persuadés que nous n'avions pas d'autre option. Nous nous sommes retrouvés dans une situation difficile, à essayer de trouver un compromis pour continuer avec Yves. Nous avons même dû insister âprement pour que ses conditions soient acceptées et au final, un nouvel accord a été trouvé. Nous avons tous signé. Pendant les négociations, nous avions expliqué que nous ne voulions pas retourner vivre à temps plein à Dubaï. Nous nous sommes donc mis d'accord pour travailler la moitié de l'année sur le projet Jetman, ce qui nous permettait de continuer à vivre en France. Puisque Yves refusait catégoriquement de retourner à Dubaï, nous avions négocié une clause lui permettant de travailler au développement de l'aile depuis chez lui, en Suisse, ou Empuriabrava durant l'été. Tout cela nous avait coûté énormément d'énergie, mais il nous était impossible de continuer sans notre général.

Le premier rendez-vous pour voler à nouveau avait été fixé pour l'été 2018 à Empuriabrava. Yves nous y a rejoints. Notre objectif des deux années à venir était clair : décoller du sol, et y atterrir à nouveau. Après, on pourrait théoriquement aller où l'on voudrait, comme les oiseaux. On savait aussi que les ailes en avaient la capacité, des nouveaux moteurs encore plus puissants rendaient possible cet objectif, il fallait juste affiner la technique et s'entraîner. Décoller et atterrir nécessitent la maîtrise totale du vol stationnaire vertical, une technique beaucoup plus compliquée que celle du vol traditionnel horizontal, dans laquelle la forme de l'aile assure la portance et les moteurs, la propulsion. En vol vertical stationnaire, les ailes n'ont aucune portance, seuls les réacteurs soutiennent le poids du pilote et des ailes. Mais puisqu'on n'est plus porté par les ailes, le vol est instable. On est entièrement dépendant de son équilibre. C'est comme faire du surplace avec un vélo.

Dès les premières tentatives, Vince a réussi à maintenir l'équilibre en vol stationnaire. Puis il a compris qu'en penchant légèrement le buste vers l'avant et vers l'arrière, il pouvait avancer et reculer avec l'aile. Mais celle-ci avait tendance à tourner sur elle-même, ce qui la rendait instable. Vince a trouvé un moyen de compenser ce déséquilibre en plaçant ses pieds sous les flux des réacteurs à droite ou à gauche. Sa technique fonctionnait mais il se brûlait régulièrement les pieds et les chaussures. Il a donc ajouté des plaques de tissu résistant à la chaleur à ses jambes et ses chaussures pour se protéger. C'était impressionnant à voir, il était vraiment à la pointe de ce qui était possible et il m'expliquait comment faire. Il essayait aussi d'aider Yves, mais ce dernier n'était pas très joyeux cet été-là. Nous avions un nouveau manager des opérations qui était censé gérer la logistique et l'organisation afin qu'Yves, Vince et moi puissions nous concentrer sur le vol et le développement de notre appareil. Mais Yves n'arrivait pas à lâcher prise et était souvent de mauvaise humeur. Ça nous faisait de la peine de le voir ainsi, nous avions consacré beaucoup d'énergie à le réintégrer dans l'aventure et nous pensions qu'une fois ses ailes enfilées, il se détendrait. Ce n'était pas le cas.

Je dois l'admettre, certains des soucis administratifs que nous avions rencontrés avec Dubaï avant l'arrêt de notre projet, et que nous pensions définitivement derrière nous, étaient encore d'actualité. Cela rendait Yves fou, il disait que tout cela nous mettait en danger. Étant donné l'engagement que nécessitaient les vols Jetman, il était irresponsable d'avoir à penser à autre chose en même temps. Il en allait de notre sécurité, il avait raison. L'ambiance était déjà mauvaise et elle a définitivement basculé le 9 août 2018, quand Yves a eu un incident en fin de vol et a dû libérer son aile en urgence. Il a bien failli y passer et a eu peur. Ce vol a marqué la fin de nos entraînements et Yves a évoqué la possibilité d'arrêter de voler.

Un mois plus tard, le 9 octobre, Vince et moi avons reçu un mail d'Yves. Toute l'équipe Jetman était en copie. En une phrase, il annonçait qu'il allait quitter le projet. Pas un mot de plus. Aucune explication. Nous étions surpris qu'il ne nous ait pas prévenus. Nous l'avons immédiatement appelé pour en savoir plus. Il nous a dit qu'il n'en pouvait plus de travailler avec les Dubaïotes qui, selon lui, n'étaient pas assez sérieux et rigoureux. Il répétait que c'était tout simplement trop dangereux de voler dans ces conditions. Au fond, Vince et moi, savions que les rapports avec Dubaï n'étaient pas évidents, mais ce qu'Yves ne semblait pas vouloir accepter, c'est que c'est le cas avec tous les sponsors. C'était normal. Ça faisait partie du deal pour obtenir des financements et réaliser nos rêves. Au téléphone, Yves nous a proposé de démissionner avec lui et de le suivre. Nous étions tiraillés entre la loyauté et l'envie de continuer à voler en Jetman. En suivant Yves, il n'y avait pas de plan, pas de potentiel sponsor et pas de moyens pour payer une équipe d'ingénieurs. C'était envoyer valser tous les contrats que nous avions passés des mois à négocier et partir dans une direction incertaine. Et surtout, puisque Dubaï détenait tous les brevets, ça aurait peut-être été la fin de notre rêve de décoller, de voler et d'atterrir avec l'aile. C'était insupportable, nous aimions Yves comme un père et n'arrivions pas à lui faire comprendre pourquoi nous voulions rester.

Après un mois de discussions avec l'équipe, les managers et André, l'ingénieur historique d'Yves, nous avons collectivement décidé de poursuivre l'aventure avec Dubaï. Nous avons envoyé un long message à Yves pour lui expliquer notre raisonnement, lui rappeler qu'on le respectait énormément et qu'on l'aimait. Il nous a répondu un mail très dur, incendiaire. C'était très violent et nous en avons été profondément blessés et attristés. C'était une situation déplorable. Il nous a dit qu'on pouvait toujours le retrouver, mais pas tant que nous serions sous contrat avec Dubaï. Ce mail marquait la fin de notre relation avec lui. Nous nous aimions beaucoup, mais nous n'avons pas réussi à nous comprendre.

Après la rupture avec Yves, nous avons repris les entraînements fin novembre 2018. L'année suivante serait extrêmement chargée et notre objectif principal était de maîtriser le vol stationnaire. Vince avait saisi la technique et je m'en approchais, mais nos vols manquaient de régularité. En parallèle, nous avions toujours des projets qui ne concernaient pas Jetman.

Si je ne me voyais plus vivre à Dubaï, la ville avait des aspects incroyables. Par exemple, on y obtenait facilement des autorisations pour réaliser des aventures magnifiques. On pouvait tourner une pub pour une entreprise coréenne dans laquelle on volait à travers les gratte-ciel en *wingsuit*. On a aussi été embauchés comme doublures pour le film *Le Lion* avec Danny Boon, pour lequel on a réalisé des sauts de *base-jump* depuis la Princess Tower, la plus haute tour résidentielle du monde. Durant le tournage, Vince a dû sauter avec une perruque brune puisqu'il doublait une femme. Pour tous ces projets, j'aimais bien être à Dubaï.

Mais notre objectif principal restait Jetman. En juin, nous nous sommes rendus dans les Dolomites pour tourner une vidéo. Mon premier vol ne s'était pas très bien passé et j'ai préféré arrêter, laissant Vince terminer seul. Il a fait du surplace au-dessus des cols italiens.

L'été s'est poursuivi à Empuriabrava où j'ai vécu l'un de mes vols Jetman les plus mémorables. Lors de nos entraînements, il y avait une météo que nous attendions avec impatience : les nuages. Pas les couvertures épaisses, qui nous empêchaient de voler. Non, nous voulions des petits cumulus bien délimités, de telle sorte que l'on puisse toujours voir le sol. Le ciel devenait alors un gigantesque terrain de jeu avec un circuit qu'on pouvait imaginer. J'ai souvenir d'avoir suivi Vince entre les nuages avec une sensation de liberté incomparable. Pendant cet été 2019, je commençais à maîtriser le vol stationnaire et je me souviens d'un jour où, après avoir volé entre les nuages au-dessus d'Empuriabrava, j'ai effectué du surplace au-dessus d'un cumulus, posant mes pieds sur sa tête, comme si je marchais dessus. J'étais, littéralement, « sur un nuage ».

Après une pause, nous nous sommes tournés vers un gros tournage qui devait avoir lieu en Chine. Nous sommes arrivés courant novembre au mont Tianmen. L'endroit est spectaculaire. Des monts raides sortent de la jungle un peu partout. C'est ce paysage qui a inspiré les montagnes flottantes des films *Avatar*. J'ai beaucoup aimé cette aventure. Vince était plus détendu qu'en Norvège, trois ans plus tôt. Les vols ne comprenaient pas de *base-jump*. Mentalement et techniquement, c'était moins intense. Je pense aussi que le fait d'avoir le dernier mot sur les décisions et de ne pas devoir obtenir l'aval d'Yves à chaque fois le reposait, même si ces vols restaient très engagés et techniques. Le cœur du projet était un passage à travers l'ouverture de Tianmen, une arche naturelle haute de 135 mètres au milieu de la roche. L'arche n'était pas bien grande et nous voulions à tout prix éviter un incident pendant que nous la traversions. Nous avons opté pour une vitesse très élevée : 400 kilomètres à l'heure. Plus nous allions vite, moins nous étions susceptibles d'être déstabilisés par une panne moteur. Nous avons attaqué le trou avec un léger angle descendant pour gagner en vitesse. Nous étions gainés comme pas possible. Le moindre mouvement aurait pu provoquer un changement de direction. Même les petites caméras installées sur nous et sur l'aile nous tiraient dans leur direction. Lorsque nous sommes passés à travers l'arche, la vue que nous avions était incroyable. J'ai adoré cette semaine.

Après la Chine, nous sommes rentrés à Dubaï et avons enchaîné avec un projet tout aussi amusant.

Dans l'optique de décoller et d'atterrir au sol, nous nous apprêtions à utiliser un système de parachute capable de s'ouvrir plus vite et donc plus bas. Quelques années plus tôt, Yves avait imaginé un système avec un parachute pyrotechnique qui, plutôt que de se gonfler normalement, partait attaché à une petite fusée lui permettant de s'ouvrir beaucoup plus vite. L'altitude minimale à laquelle nous pouvions voler en sécurité se voyait ainsi diminuée à 200 mètres. Voler à cette altitude ouvrait une série de possibilités…

Le jour du vol, Ahmed et Valérie, les amis qui m'hébergeaient, de retour d'une soirée arrosée, se sont rendus sur le toit d'un immeuble construit au bord de la Sheikh Zayed Road, la grande artère qui coupe la ville en deux. C'est un canyon urbain bordé d'immenses immeubles. Au petit matin, nos amis sont montés sur le toit et ils ont entendu deux avions de chasse approcher. En regardant à droite, ils nous ont vus équipés de nos ailes alors qu'on s'apprêtait à remonter la Sheikh Zayed Road à 150 kilomètres à l'heure, la vitesse maximale pour les parachutes pyrotechniques, à seulement 200 mètres du toit des voitures. C'était un vol fou, la plupart des immeubles entre lesquels nous passions étaient plus hauts que nous. Un petit écran installé sur nos visières nous permettait de voir nos vitesse et altitude en temps réel. Nos amis ont pensé rêver. Après 3 kilomètres, nous avons viré à droite deux fois pour retourner à notre point de départ et réaliser un deuxième passage. À l'issue de celui-ci, nous nous sommes séparés pour que j'atterrisse pendant que Vince poussait jusqu'au Burj Khalifa où le prince Hamdan l'attendait sur une des plates-formes d'observation. Vêtu de sa *gandoura* blanche, il tenait son téléphone pour filmer l'arrivée de Vince, vêtu de sa combinaison Jetman noire. Il a effectué un vol stationnaire devant lui avant de le saluer et de repartir terminer son vol.

Si à ce moment-là nous pouvions effectuer des vols stationnaires, ils étaient beaucoup trop instables pour être tentés à basse altitude. Au hangar Jetman, Vince continuait à s'entraîner. Nous avions fait construire deux grandes tours d'échafaudage entre lesquelles un câble avait été tiré. À l'aide d'une tyrolienne, on pouvait y attacher l'aile Jetman. Ce dispositif permettait de décoller et de s'entraîner à voler en stationnaire. Si nous perdions l'équilibre, le câble nous rattraperait. Au même moment, nous avons réussi à faire revenir au sein de l'équipe notre ami ingénieur en aéronautique Mattieu Courtois. Il avait imaginé avec André, l'ingénieur historique de la machine, une solution technique pour que nos vols stationnaires soient mieux contrôlés et qu'on cesse de se brûler les pantalons et les talons. Il voulait installer à la sortie des réacteurs des tuyères capables de diriger les flux afin de maintenir l'aile à la verticale. Pour contrôler la direction, il avait trouvé un moyen d'y relier une Nunchuk Nintendo, sorte de manette pour la console de jeux Wii. Cette innovation a été baptisée le « *thrust vector* ». Le principe du *thrust vector* existait depuis quelques années, mais le système n'était pas fiable. Avec les talents d'ingénieur de Matt et un peu de peaufinage, le vol stationnaire vertical est devenu beaucoup plus facile. J'ai essayé ce système quelquefois en étant accroché au câble. C'était très instinctif. Mais je volais de moins en moins. Le temps passait et Vince ayant beaucoup d'avance sur moi, nous avons décidé de nous concentrer sur ses entraînements et de diriger toute l'énergie de l'équipe vers un décollage du sol prévu le 14 février 2020.

Ce jour-là, nous nous sommes rendus à la marina de Dubaï, tôt le matin, pour que le vent soit inexistant. Nous étions sur un quai à 8 mètres au-dessus de l'eau. C'était la première fois que Vince allait voler sans câbles. Rester au-dessus de l'eau lui assurait un coussin de sécurité en cas de problème. Des secouristes sur des jet-skis et des bateaux se tenaient prêts. Vince était ultra-concentré, comme nous tous. Matt a réalisé les dernières vérifications des moteurs et des *thrust vectors* pendant que je m'assurais de mon lien radio avec Vince. Lorsque tout a été prêt, il s'est attaché aux ailes et s'est rapproché du bord du quai. Nous avons allumé ses réacteurs et il a mis les gaz. Soudain, ses talons se sont élevés, puis les pointes de ses pieds. Il s'est à peine penché en avant et a commencé à avancer jusqu'à se retrouver au-dessus de l'eau. Mon copain venait de quitter le sol, et sans câbles, volait sur place. J'étais tellement fier de lui. Il a réalisé quelques allers-retours le long du quai pour nous montrer que le *thrust vector* fonctionnait. Il était très à l'aise. Plus que lorsqu'il était attaché au câble qui le gênait parfois. Ensuite, il s'est à nouveau rapproché du quai et, réduisant doucement les gaz, est venu poser ses pieds.

Techniquement, il venait de décoller et atterrir, mais ce n'était pas fini, il n'avait réalisé que la moitié de la mission. Nous avons fait le plein, et il est reparti au-dessus de l'eau, passant un petit moment à la verticale. Puis il a allumé la fumée blanche, a baissé sa visière et il nous a tourné le dos afin de faire face aux immenses buildings de Dubaï, de l'autre côté de la marina. Alors il a mis les gaz à fond, tout en se penchant vers l'avant. Il accélérait, passant progressivement d'un vol vertical à un vol horizontal. Les ailes avaient de plus en plus de portance et il gagnait en altitude. Les parachutes pyrotechniques étaient désormais capables de s'ouvrir à 80 mètres. Mais entre 25 mètres et 80 mètres, il restait une petite fenêtre de quelques secondes dangereuse au cours de laquelle il était exposé au sol. Nous retenions tous notre respiration. Mais il a accéléré, encore, encore et encore. Il prenait de plus en plus d'altitude et tout d'un coup, il est parti vers le ciel dans la douce lumière du matin pendant que j'éclatais en sanglots.

Je pleurais de joie pour lui. Il avait tellement travaillé pour arriver à ce moment. Il était parti en autonomie du sol et quelques secondes plus tard, il réalisait un looping dans le ciel de Dubaï, à 1 500 mètres d'altitude. Un moment impressionnant et magique. On se serait cru dans un film. On a tous pleuré. Je n'avais jamais rien vu d'aussi fou. Il s'est baladé encore un peu dans le ciel avant d'ouvrir son parachute et d'atterrir à côté de nous. Toute l'équipe lui a sauté dessus. C'était un moment de joie immense. Le seul qui n'était pas en larmes était Vince. Il n'avait pas encore conscience de ce qu'il venait de réussir.

Juste après avoir s'être défait de son matériel, Vince a appelé Yves. Il stressait, mais il voulait absolument partager sa réussite avec son général, l'inventeur de la machine. Yves lui a dit que c'était super, que c'était beau et qu'il était content pour lui.

Quelques jours plus tard, nous avons fêté le décollage dans un très bon restaurant et Vince a passé la nuit à lever son verre en hurlant de joie : « On l'a fait ! »

Le lendemain de cette soirée, nous avons pris l'avion pour le Panama où nous allions nous reposer une semaine sur le catamaran d'un ami proche surnommé « l'Espagnol », avant d'attaquer l'étape suivante : atterrir.

## 15.

C'est en rentrant de nos vacances au Panama début mars 2020 que nous avons entendu parler des premiers cas d'infection au Covid-19 en Italie, sans que cela nous inquiète plus que ça. Nous sommes retournés à Dubaï pour que Vince poursuive ses entraînements d'atterrissage. Mais à Dubaï, les cas de contamination au Covid explosaient et la situation commençait à se tendre : les journalistes évoquaient un confinement et la perspective de rester bloqués à Dubaï ne nous enchantait guère. Nous nous sommes débrouillés pour dénicher des places dans l'un des derniers avions qui rentraient en France le 20 mars. Une fois arrivés, alors que le confinement avait déjà commencé, nous nous sommes dépêchés de retrouver nos épouses dans nos maisons à dix minutes l'une de l'autre. Nous étions soulagés d'être rentrés à temps, même si Vince était frustré que le projet Jetman soit mis en pause pour une durée indéterminée. Ce confinement nous a offert à chacun des moments magnifiques. J'ai pu me reposer, passer du temps avec Laurence et mon ami Jeff qui se remettait d'un grave accident de *speed-riding* et s'était confiné avec nous. Nous allions randonner, profitant de la si belle nature à notre porte. Quelquefois, j'ai même pu retrouver Vince pour faire des sauts de *base-jump*, discrètement.

L'un d'eux nous a d'ailleurs marqués. On avait embarqué nos *wingsuits* pour sauter depuis le plateau du Parmelan au-dessus d'Annecy. Pendant qu'on se préparait, on a entendu un hélicoptère. C'était la gendarmerie qui réalisait des vols pour attraper les randonneurs ne respectant pas les règles du confinement.

À ce moment-là, nous étions sur une petite marche, 5 mètres en dessous du plateau, en train d'enfiler nos *wingsuits*. Nous nous sommes blottis contre le mur en croisant les doigts pour qu'on ne nous aperçoive pas. Ils sont passés et nous avons pu nous envoler discrètement. Ça nous rappelait nos sauts de nuit à La Défense.

Nous avons aussi profité du confinement pour nous atteler au dérush de nos vingt ans de photos et de vidéos : nous avions réalisé notre premier saut ensemble en mai 2000 et allions fêter nos deux décennies de vol, durant lesquelles nous avions accumulé des quantités de vidéos absurdes. N'étant ni l'un ni l'autre particulièrement méticuleux pour le classement, nous avions beaucoup de retard à rattraper. Le confinement nous a permis, pour la première fois depuis que nous nous connaissions, de nous reposer de manière prolongée et de profiter l'un de l'autre grâce à notre proximité géographique.

En mai, au moment du déconfinement, nous savions qu'il fallait tirer une croix sur la saison Jetman. Après ces deux mois de pause, nous avions hâte de nous lancer dans une aventure et nous savions déjà laquelle. À cette époque, les *wingsuits* n'avaient plus rien à voir avec les prototypes de Loïc quinze ans plus tôt. Elles étaient plus grandes, plus rigides, avaient une meilleure finesse et étaient plus aérodynamiques, ce qui leur permettait d'aller beaucoup plus vite : elles frisaient les 300 kilomètres à l'heure. À cette vitesse, en décambrant légèrement le corps, il était devenu possible de reprendre de l'altitude grâce à la vitesse accumulée. On appelle ça une ressource. Ça ressemble aux avions qui, à l'atterrissage, lèvent le nez tout en posant les roues sur le tarmac pour adoucir le poser. Même s'ils ne décollent pas, l'idée est la même : transformer la force vers le bas en force vers le haut. En *wingsuit*, le mouvement est identique, mais plutôt que d'atterrir, on poursuit le geste jusqu'à ce qu'on remonte. En 2020, les *wingsuits* de nouvelle génération étaient capables d'aller si vite qu'on pouvait réaliser des ressources immenses. Si grandes que nous pensions désormais possible d'attaquer le sol en vol, de le frôler à 15 mètres et de ressourcer pour remonter jusqu'à 80 mètres afin d'ouvrir les parachutes de *base-jump* en sécurité. Pour s'y essayer, nous nous sommes mis à la recherche d'un endroit plat avec une référence visuelle verticale au milieu. Nous nous sommes dit qu'il n'y a rien de plus plat que la mer. Comme référence verticale, nous avons pensé aux phares. Nous sommes tombés sur celui de la Coubre, en Charente-Maritime. Planté au milieu des dunes face à l'Atlantique, il est non seulement très beau avec sa peinture rouge et blanche, mais son nom qui correspondait presque à ce que nous voulions faire : voler avec une courbe dans le ciel.

Ainsi, nous allions sortir la *wingsuit* de l'environnement de la montagne. Toutefois, pour nous entraîner, nous avons décidé d'y rester. Dès le déconfinement, nous nous sommes rendus à La Clusaz, la station de ski la plus proche de chez nous qui était notre terrain de jeu favori. On s'entendait bien avec les locaux qui n'hésitaient pas à nous laisser voler en *wingsuit* dans les parages. Nous étions même devenus, après un vol en *wingsuit* au-dessus des télésièges pour faire la promotion des lieux, ambassadeurs de la station ! Nous étions fiers de représenter cette si belle station de ski dans le 74, nous qui avions grandi en région parisienne.

Nous avons installé dans une des combes des pylônes gonflables de 15 mètres de haut qui nous serviraient de point de référence. Ils étaient bien moins haut que les 64 mètres du phare, mais ce sont les plus grands que nous avons trouvés. Pendant les premiers sauts, nous sautions de l'hélicoptère et réalisions nos ressources assez haut. Mais à chaque nouvelle tentative, nous baissions l'altitude minimale de la courbe jusqu'à arriver à passer à la hauteur des pylônes. Ce n'était pas simple. Pour réaliser une ressource, il faut délicatement orienter son buste vers le haut, tout en décambrant le bassin et les jambes. Ce mouvement doit être très lent. S'il est trop rapide, on risque de briser la portance, ce qui rendrait la ressource impossible. Cependant, quand on se dirigeait à presque 300 kilomètres à l'heure, tête la première vers le sol, notre instinct était justement de se crisper rapidement. Nous devions donc impérativement le surmonter pour dérouler lentement notre mouvement. Lorsque nous remontions, la sensation était incroyable. À chaque fois, voir le sol s'éloigner provoque son petit effet. Au point culminant de notre ressource, le bruit de l'air qui défilait s'arrêtait soudain, avant de reprendre doucement pendant qu'on se remettait à tomber vers le sol jusqu'à l'ouverture des parachutes.

Pendant ces vols à La Clusaz, des capteurs GPS dans nos casques nous permettaient de reproduire nos courbes sur un logiciel. Nous pouvions ainsi analyser nos efforts et comprendre comment optimiser nos ressources. Même si l'ordinateur était une aide, notre complicité et le fait de pouvoir tirer les leçons du ressenti de l'un et de l'autre sont les deux éléments essentiels qui nous ont permis de progresser rapidement. Toute la difficulté de l'exercice résidait dans le fait de réaliser deux ressources simultanées. Comme toujours, nous recherchions l'esthétique, nous devions réussir à dessiner deux courbes identiques avec nos corps.

Lorsque nous nous sommes sentis prêts à nous entraîner sur une surface plate, nous nous sommes tournés vers le golf de La Clusaz, dont le propriétaire nous a ouvert l'accès. C'était l'endroit idéal pour terminer nos entraînements et c'était là que nos ressources étaient les plus près du sol. On était à 300 kilomètres à l'heure et on passait à 20 mètres de haut.

Après des dizaines de sauts d'entraînement, nous sommes partis en juillet pour le phare de la Coubre, avec l'équipe de production menée par Dino. Nous y avons effectué une quinzaine de sauts. À chaque fois, nous partions d'un hélicoptère, accélérions au maximum vers le phare et, passant chacun d'un côté au niveau de la délimitation entre la partie rouge et la blanche, à 40 mètres, nous remontions. Nos ressources étaient parfaites, magnifiques et douces. Nous ouvrions nos parachutes en même temps, l'un à côté de l'autre, 120 mètres au-dessus des vagues de l'océan Atlantique, le visage caressé par les rayons du soleil couchant à l'horizon.

Nous avons terminé le projet de la ressource fin juillet. En août, je me suis rendu avec Laurence dans les Dolomites pour faire du *base-jump* durant une semaine. Nous avons sauté depuis les falaises mythiques sur lesquelles le *base-jump* avait été inventé. J'en garde un merveilleux souvenir. Mais plus le temps passait, plus je ressentais une sorte d'angoisse. Début octobre, nous avions prévu de retourner à Dubaï pour reprendre les entraînements d'atterrissage Jetman. Je ne voulais pas m'y rendre. J'avais adoré les mois que nous venions de vivre. Nous étions détendus, joyeux, notre temps avait été consacré au *base-jump*, à la *wingsuit* et aux randonnées. Vince aussi avait aimé cela, mais atterrir en Jetman était son obsession, c'était la dernière étape de son rêve. Je le comprenais, mais plus les jours passaient, plus j'étais sombre à l'idée de retourner à Dubaï. Je n'avais pas envie de retrouver le stress inhérent à ce projet. Ces derniers mois m'avaient conforté dans l'idée que c'était trop de contraintes et de sacrifices pour quelques vols. Je me sentais mieux dans les Alpes que dans le désert. Laurence me répétait que je devais en parler avec Vince et lui faire part de mon ressenti. Mais je n'osais pas. Je le connaissais par cœur et je savais à quel point il était concentré et obsédé par Jetman. Je ne voulais pas polluer son esprit.

Mais à quelques jours du départ, je n'en pouvais plus et je suis allé le voir chez lui. Nous n'étions que tous les deux. Je lui ai dit tout ce que je ressentais et que je ne pensais pas retourner à Dubaï avec lui. Ç'a été un moment difficile. On s'aimait plus que des frères. Lorsque Vince s'est imaginé partir tout seul à Dubaï, il a eu très peur et ça lui a mis la larme à l'œil. J'ai fini par accepter de l'accompagner pour être avec lui pendant l'atterrissage. Vince s'est dit qu'après cette dernière étape, il freinerait un peu le projet Jetman afin de passer plus de temps avec Agnes car tous deux voulaient fonder une famille.

Début octobre, nous nous sommes donc envolés pour Dubaï. Cela faisait six mois que Vince n'avait pas utilisé les ailes. Il a commencé par s'entraîner accroché au câble. On était à bloc. Vince volait presque tous les jours. Plus le temps passait, plus il retrouvait ses repères et se sentait à l'aise. Je ne l'avais jamais vu aussi concentré. Avec Matt, il avait même décidé de dormir sur des matelas dans une chambre du hangar pour être plus proche des ailes et ne pas avoir à se déplacer matin et soir. En parallèle, Laurence et moi avions prévu de déménager à Chamonix, alors je suis retourné en France fin octobre pour ne pas la laisser seule. Vince m'en a voulu un peu. Il était tellement concentré qu'il ne souhaitait pas s'interrompre. Il a finalement décidé de profiter de mon absence pour aller retrouver Agnes à Porto Rico pendant deux semaines. Je suis tellement content qu'ils aient pu passer ce temps ensemble.

Nous nous sommes retrouvés à Dubaï le 1er novembre. Les entraînements de Vince ont repris et nous avons finalisé les détails de son vol. Il décollerait depuis la terrasse d'une somptueuse villa de Palm Island. Ensuite, il réaliserait un vol à travers la ville, passant à travers l'arche de l'Atlantis, un immense hôtel au sommet de Palm Island. Enfin, Vince s'approcherait du Burj al-Arab, cet hôtel luxueux en forme de voilier en haut duquel se trouve l'hélipad sur lequel il devait se poser. La plate-forme était située à 210 mètres de hauteur, une altitude qui offrait une marge de sécurité. En cas de problème, Vince pourrait déclencher le parachute pyrotechnique. Les repérages étaient faits. Je l'accompagnais partout. Il voulait qu'on soit ensemble tout le temps.

Le 17 novembre, quelques jours avant la date que nous avions fixée, Vince s'apprêtait à réaliser l'une des dernières répétitions. Il devait décoller depuis la base Jetman avec l'hélicoptère, faire un vol pendant que celui-ci se positionnait en stationnaire à 240 mètres, quelques mètres plus haut que la plate-forme du Burj al-Arab, afin de servir de référence visuelle. Vince devait se rapprocher et basculer en vol stationnaire au niveau de l'hélicoptère afin de répéter le geste qu'il réaliserait pour atterrir sur l'hélipad.

Le vol était prévu tôt le matin. Nous étions dans les dernières phases d'entraînement et tout le monde était concentré. Nous ne nous sommes pas dit grand-chose. Dans ces moments-là, Vince était tellement dans sa bulle qu'il était difficile de lui parler. J'ai plié son parachute. Il s'est accroché à l'hélicoptère et a décollé. Pendant le vol, je devais tenir l'une des caméras installées dans le hangar Jetman servant à immortaliser les événements afin de débriefer ensuite. Matt en tenait une autre sur une tourelle à ma droite.

Vince a bien réussi son départ ainsi que son vol. Sa transition en vol stationnaire s'est bien passée mais une fois à côté de l'hélicoptère, il a perdu l'équilibre. C'était déjà arrivé, il basculait en arrière, réalisait un looping et lorsqu'il était à nouveau dans le bon sens, il ouvrait son parachute. J'ai vu la bascule et puis j'ai baissé la caméra. Pour moi, la partie technique du vol était terminée, il allait reprendre de l'altitude en vue d'ouvrir son parachute et venir me retrouver pour que l'on analyse ce qui s'était passé. Il était à 300 mètres de moi. J'entendais les réacteurs à bloc. Le soleil se levait sur le désert. Tout d'un coup, il n'y a plus eu un seul bruit. Un silence effroyable. J'ai regardé Matt. Il pointait du doigt les dunes, la bouche ouverte. J'ai compris sans vouloir comprendre.

# 16.

On n'avait jamais parlé de la mort, Vince et moi. Cela peut surprendre, vu nos activités, mais c'était quelque chose que nous n'évoquions pas. En parler aurait signifié qu'on l'envisageait, et ce n'était pas une option. Il nous était inconcevable que l'un termine sa vie sans l'autre. On se réfugiait derrière notre expérience. Mais on connaissait les risques. On acceptait de les prendre parce que c'était la condition *sine qua non* pour vivre des moments inimaginables et réaliser nos rêves. Il restait impossible pour nous que l'un meure. Je ne savais pas quoi faire. J'étais perdu sans lui. Toute l'équipe Jetman l'était. On traversait un cauchemar auquel on n'aurait pu se préparer.

J'ai appelé Agnes, Benjamin, son frère, Laurence, Loïc, Olivier, Yves, Nico. J'ai parlé rapidement avec ses parents. Je n'ai pas les mots pour exprimer l'horreur de la situation et le trou abyssal de mon chagrin. Yves a hurlé au téléphone, partagé entre une tristesse infinie et la rage que nous ayons continué sans lui. Agnes,

Laurence et les parents de Vince sont arrivés rapidement à Dubaï. Je ne sais pas ce qui a été le plus difficile, perdre mon ami ou devoir accompagner ses proches à la morgue. Ç'a été sans conteste le pire moment de ma vie. Il y avait tellement de choses à faire et je devais être là pour la famille de Vince et Agnes. Je ne pouvais pas craquer ni me laisser submerger par mes émotions. J'étais un robot en pilotage automatique pendant ces quelques jours.

Ce n'était pas évident pour ceux qui nous entouraient. Je me souviens qu'en 2017, pendant le projet de *Door in the Sky*, la tension était élevée alors que j'avais raté l'entrée dans l'avion, le premier jour. Agnes et Laurence subissaient toutes les deux le stress sans pour autant pouvoir nous en parler puisque nous étions très concentrés. Étant elle-même parachutiste confirmée, Laurence savait poser les bonnes questions mais avec son expérience, elle se rendait compte des risques aussi. Si Agnes n'avait qu'une poignée de sauts à son actif, elle était loin d'être dupe et savait pertinemment que c'était risqué. Je sais que Vince rentrait peu dans les détails avec elle pour ne pas l'inquiéter.

Je me souviens avoir annoncé la mort de Vince à mon père qui, fidèle à lui-même, m'a demandé de lui expliquer en détail ce qu'il s'était passé. Il voulait comprendre. Je n'ai jamais senti qu'il voulait que j'arrête. Ç'a été plus difficile pour ma mère en revanche. Elle nous avait toujours dit qu'elle nous faisait confiance. Comme nous tous, elle a reçu la réalité en pleine figure. Le pire était arrivé. On ne peut même pas imaginer ce que traversaient les parents de Vince.

On ne saura jamais pourquoi Vince n'a pas tiré la poignée du parachute de secours. L'analyse des données des capteurs des moteurs a montré que jusqu'au dernier moment, il avait les gaz à fond. L'une des hypothèses est qu'au moment où il s'est retrouvé à nouveau la tête vers le haut, il a aperçu l'hélicoptère dans son champ de vision, au-dessus de lui. Il y avait cinq personnes à bord et il a peut-être pris la décision de ne pas tirer le parachute pyrotechnique qui risquait de se prendre dans les pales. C'est allé très vite. Il n'avait pas assez d'altitude pour plonger afin de reprendre de la vitesse et repartir en vol horizontal. Il s'est donc peut-être dit qu'il valait mieux essayer de se stabiliser et de se remettre en vol stationnaire.

En plus de l'inertie vers le bas, étant donné l'angle dans lequel il se trouvait, les moteurs n'étaient pas assez puissants pour arrêter sa chute. Dans les moments cruciaux comme ça, tout va très vite, on prend des décisions rapidement et il faut s'y tenir. Il a fait tout ce qu'il a pu pour rester en vol.

Nous avons organisé une cérémonie pour lâcher une partie des cendres de Vince lors d'un saut à La Clusaz, juste à côté du lac des Confins. Agnes y a planté deux arbres. Vince aimait beaucoup les plantes et les arbres. J'ai sauté avec Laurence, Nico « pharmastyle » (un de nos meilleurs amis) et Jean-Philippe. J'ai lâché une partie de ses cendres. On en a réparti dans tous les endroits qu'il adorait : à La Clusaz, à Porto Rico, en Guadeloupe, à Empuriabrava et sur le sommet du mont Blanc qu'Agnes avait gravi en 2021.

Les mauvaises nouvelles se sont enchaînées. Notre ami Nico Arnaud, qui m'avait accueilli en équipe de France et m'avait tant appris, était malade et n'a pas pu venir à la cérémonie. Les médecins lui ont diagnostiqué un cancer du pancréas. On lui a donné quelques mois. Il en a survécu vingt-deux. C'était un costaud, Nico. C'était aussi mon mentor, mon grand frère, celui qui m'avait tout appris en entraînement. Il nous avait toujours soutenus dans nos projets, Vince et moi. C'était la première personne à laquelle on envoyait nos vidéos avant publication pour qu'elle nous donne son avis. À l'été 2020, il était avec son fils Quentin en haut du phare de la Coubre pendant que nous réalisions nos ressources. En octobre 2021, pour les 15 ans de Quentin, dont je suis fier d'être le parrain, nous l'accompagnions avec Loïc Jean-Albert pour son premier tandem. Nico était trop malade pour sauter. Quentin a hérité de l'humour et de la connerie de son père. Parfois je fais des blagues avec lui comme s'il était son père. Il peut être fier de lui. J'ai réalisé quelques-uns de mes meilleurs sauts avec Nico. Un jour notamment, lorsqu'on s'entraînait tous les trois avec Stéphane, ce dernier ne s'est pas pointé le matin. On a décidé de sauter quand même, Nico et moi, en short et T-shirt, sans briefing. C'était une belle journée. Nico est parti en septembre 2022. Il me manque terriblement aussi.

Lorsque Vince est mort, nous avions une multitude de projets en cours. Comme toujours, nous avions plein d'idées et de rêves en tête. Après l'accident, j'ai rédigé une liste de toutes les aventures que nous voulions vivre ensemble et je me suis promis de les réaliser, comme si je devais continuer d'assurer pour nous deux. Quand l'un de nous était blessé, l'autre s'occupait de tout en attendant qu'il se remette. À cet instant, c'était pareil. Je ne voulais pas arrêter de sauter. J'ai même souhaité repartir assez rapidement après l'accident. Dix jours s'étaient écoulés quand, le 27 novembre, je suis allé faire un saut de *base* avec des copains. J'avais prévu de sauter depuis les dents de Lanfon. C'était le dernier saut de falaise que j'avais fait avec Vince en Haute-Savoie. J'étais avec des amis qui étaient entrés dans nos vies depuis quelques années, Julien Millot, Vincent « Veush » Cotte et Aurélien « Bras Noir » Chatard. Je ne sais pas pourquoi je voulais sauter aussi rapidement. J'en avais envie, c'est tout. Il faisait tellement beau ce jour-là.

Le premier projet à terminer était un saut en *wingsuit* avec Red Bull Liban, au-dessus des Cèdres de Dieu, inscrit au patrimoine mondial de l'Unesco. Le repérage avait été prévu le 15 décembre et après l'accident, on m'a proposé de décaler ou d'annuler. Mais j'ai décidé d'y aller tout de même, dans l'optique de poursuivre pour nous deux. Je m'y suis rendu avec Dino. Ça m'a fait du bien d'y aller rapidement après l'accident. Mais ça m'a brisé le cœur de devoir déterminer les trajectoires tout seul. Ça m'effrayait aussi. J'avais tellement l'habitude de réfléchir, d'analyser, d'anticiper les risques et de décider à deux. C'était vertigineux de devoir s'en occuper seul. Je pense que c'est à ce moment-là que j'ai commencé à comprendre ce qu'il s'était passé.

Depuis l'accident, je stresse beaucoup plus. Je fais des insomnies au cours desquelles j'angoisse à l'idée d'oublier quelque chose. C'était aussi une mesure de sécurité. Réfléchir à deux minimise toujours les risques. Personne ne pourra prendre la place de Vince puisque je ne pourrai jamais faire autant confiance à quelqu'un qu'à lui. Heureusement que Dino était là.

Cela faisait quelques années que Vince et moi, on faisait beaucoup de *base* avec Bras Noir et Veush. En 2020, nous avons enchaîné les sauts ensemble. Un journaliste de chez Red Bull qui écrivait un article sur la reprise du *base-jump* en France après le confinement nous avait même baptisés les Quatre Fantastiques. Le surnom était resté et après l'accident, je ne me voyais pas poursuivre seul. Il était assez normal pour moi de continuer à sauter avec eux. Je leur ai donc proposé au bout d'un moment de rejoindre les Soul Flyers. Ça représentait tellement, pour Vince et moi. L'aventure ne pouvait pas s'arrêter. Le 18 janvier 2021, Veush m'a accompagné lors d'un saut à Val-d'Isère. Avec Vince, on avait fait des repérages l'été précédent et on avait prévu de réaliser des images en *wingsuit* au-dessus de la face de Bellevarde. C'était mon premier tournage sans lui. Heureusement que j'étais entouré. J'ai sauté avec Veush depuis un hélicoptère piloté par Sébastien Collomb-Gros qui nous avait aussi conduits pour le projet de la ressource et lors de la cérémonie d'adieu à Vince.

En juin 2021, je me suis rendu au Liban avec Veush et Bras Noir. C'étaient des vols magnifiques. Nous avons réalisé des ressources au-dessus de cette magique forêt libanaise. Ça me crevait le cœur de ne pas pouvoir les partager avec Vince.

Deux jours après l'accident, Sheikh Hamdan a demandé à me voir. Lorsque je suis arrivé, il était en larmes et m'a pris dans ses bras. Vince et lui s'aimaient beaucoup. Je tiens absolument à le préciser. Nos années à Dubaï n'étaient pas simplement une histoire d'argent et de Jetman, même si c'était parfois compliqué. Nous avions noué une vraie relation avec le cheikh, surtout Vince. Ils se considéraient comme des frères.

Deux mois plus tard, les patrons de XDubai m'ont demandé si je voulais continuer le projet. J'étais réticent. Pourtant, il me semblait impensable de fermer la porte. Je pense que, comme toute l'équipe, j'avais envie de voler à nouveau pour Vince. Nous ne voulions pas que le projet Jetman s'arrête sur cet accident. Après des mois de retard en attendant la fin de l'enquête pour avoir à nouveau les autorisations, je me suis rendu avec l'équipe en août 2021 à Empuriabrava. C'était bizarre de me retrouver à nouveau dans un hangar entouré de toute l'équipe, de l'équipement, des ailes, mais sans Vince. C'était la première fois que je préparais un vol seul. J'étais stressé. L'équipe aussi. Dès que j'enfilais l'aile, je ne pouvais m'empêcher de revoir la même image horrible en boucle. Je me demandais aussi pourquoi je voulais retourner voler. C'était absurde, je ne savais pas si j'en avais vraiment envie. J'ai fini par me dire que je le faisais d'une part pour me prouver que j'en étais capable, et d'autre part pour rendre hommage à mon pote en volant avec ces ailes qu'il aimait tant.

Mais puisque ça faisait plusieurs mois que nous ne les avions pas fait voler, le projet était constamment retardé, ce qui me laissait le temps de continuer à me poser des questions, à douter, à avoir peur. Je n'en pouvais plus, je voulais juste y aller.

Jusqu'au dernier instant, pendant que j'étais accroché à l'extérieur de l'hélicoptère et qu'on allumait les moteurs, je revoyais en boucle la dernière image que j'avais de Vince et je me demandais ce que je foutais là. Enfin, le moment est venu d'y aller et dès que nous avons décollé, je me suis senti mieux. J'ai retrouvé mes sensations, celles dont Vince était amoureux, et ça m'a fait plaisir. C'était un moment de soulagement, mais aussi d'immense tristesse. Je volais, mais j'étais tout seul. Complètement seul. Personne ne pouvait voler cette aile avec moi. J'étais désespéré. J'avais toujours considéré que les 10 minutes de vol en Jetman étaient trop courtes. Pour la première fois, je les ai trouvées longues. J'étais soulagé de voler, mais je voulais que ce vol solitaire prenne fin. J'ai fait quinze vols en tout durant cette session. À la fin, la magie, la poésie et la liberté qu'offrait la machine n'existaient plus pour moi. Ça n'avait plus de sens.

Un ultime tournage était prévu pour octobre 2021 à l'occasion de l'Exposition universelle qui avait été décalée d'un an. Mais il a été annulé et je n'ai plus volé en Jetman.

Je me suis à nouveau consacré à la liste de nos rêves. Je n'ai pas arrêté. Entre les tournages et les repérages, j'ai pu réaliser ces trois dernières années un paquet d'aventures. J'ai volé au-dessus du Taj-Mahal en Inde, des Pyramides d'Égypte, des gratte-ciel de Tokyo, des Cèdres de Dieu au Liban, des télésièges de La Clusaz, entre les immeubles de la station d'Avoriaz, au-dessus du Pakistan et il y en aura beaucoup d'autres. Tous ces rêves, je les ai réalisés avec les Soul Flyers. Mais il y a un projet que j'étais le seul à pouvoir faire.

Mon dernier saut en parachute avec Vince était à Dubaï, quelques jours avant son accident. Nous étions en short et T-shirt par 25 °C au-dessus de la mer et avec une paire de skis aux pieds. Pour comprendre pourquoi, il faut remonter un peu le temps. Au début des années 2000, nous passions nos hivers à Valfréjus pour développer le *speed-riding*. Si nos premières tentatives étaient amusantes, elles étaient incomparables en termes de sensations avec les vols que nous avons vécus une fois que nous avons attaché nos voiles de parachutisme rapides à nos harnais de parapente. Cela nous permettait d'être attachés par la taille, ce qui décuple les performances de la voile. On avait plus de contrôle, on allait plus vite et on s'amusait davantage. Une fois qu'on avait goûté à cette sensation, la partie sous voile de nos sauts en parachute laissait toujours à désirer. On aurait bien aimé pouvoir sauter avec des harnais de parapente. Mais c'était impossible puisque ceux-ci n'étaient pas conçus pour accueillir une voile pliée. On ne peut donc les utiliser pour faire des sauts d'avion. Mais bricoleur et inventeur comme il était, Vince avait décidé d'en faire sa mission : créer un harnais de parachutiste qui avait la possibilité, une fois la voile ouverte, de modifier la position et de se transformer en harnais de parapente.

Il avait commencé à travailler dessus lorsque nous étions à Empuriabrava en tant que membres de l'équipe de France. Son père lui avait donné une machine à coudre et, avec ses conseils et son aide ainsi que ceux de Colin Thompson, un excellent réparateur d'Empuriabrava, il avait commencé à fabriquer ses premiers prototypes. Ce nouveau type de harnais avait passé plusieurs années au stade de prototype jusqu'à ce que Vince en parle à UPT, un de nos sponsors et leader dans la fabrication de parachutes et de harnais. La marque a tout de suite été emballée et après des mois de travail, elle a lancé la production des deux premiers exemplaires pour Vince et moi, baptisés le « Mutant » en raison de leur capacité à muter mais aussi en hommage à Antoine Montant qui avait aidé Vince à développer les premiers prototypes à Valfréjus. C'était une révolution pour nous. On pouvait sauter d'un avion et faire de la chute libre normalement, ouvrir la voile et la piloter comme on en avait l'habitude. Mais ensuite, nous avions la possibilité, en tirant sur une poignée et en libérant une ceinture, de faire passer les sangles qui nous reliaient à la voile des épaules jusqu'au bassin. En libérant la ceinture, une sellette se dépliait, sur laquelle on pouvait s'asseoir. Dans cette position, on s'amusait beaucoup plus.

Ce harnais n'était pas pour tout le monde. Il fallait être un excellent parachutiste, parapentiste et *speed-rider* pour pouvoir l'utiliser, et même s'en procurer un. Il n'est pas vendu au premier venu. Pour nous, c'était le harnais de rêve. Depuis, il est devenu impossible pour moi de revenir à un harnais normal. L'invention de Vince était géniale. Nous n'avions pas pu l'utiliser lors de notre projet de saut au-dessus du mont Blanc. Elle aurait été formidable pour parcourir les pentes en position de parapente.

Nous avions ensuite imaginé un autre projet, possible grâce au Mutant. L'idée était de partir d'un avion pour réaliser une chorégraphie en *freefly*, les skis aux pieds, avant d'ouvrir les parachutes, basculer le Mutant en mode parapente et finir le vol en *speed-riding*, nos skis sur les pentes enneigées de La Clusaz. Ce projet mélangeait beaucoup d'aspects de notre carrière. Nos premiers entraînements avaient eu lieu à Dubaï en 2018. On avait un drôle de look lorsqu'on était arrivés dans le désert avec des skis. Mais ceux-là étaient trop longs et nous avions du mal à maîtriser nos vols. L'année suivante, en 2019, nous avions entamé une nouvelle session d'entraînement à Empuriabrava. C'était plus compliqué de voler avec des skis et il nous avait fallu un peu de temps pour nous y habituer. Lors des premiers sauts, on se cassait régulièrement la figure. On pouvait tenir debout assez facilement, mais on ratait souvent nos transitions et on se retrouvait toujours tête en bas. À partir de cette position, il était très difficile de se remettre à l'endroit. Au bout d'un moment, en changeant nos skis, nous avons saisi le truc et nous faisions même des tête-à-tête, les skis aux pieds.

En octobre 2020, on a continué à s'entraîner à Dubaï pendant que Vince se préparait pour le décollage. C'est durant cette période que nous avons fait notre dernier saut ensemble. Le jour précédant l'accident, j'étais parti m'entraîner seul, les skis aux pieds. Vince voulait économiser son énergie.

Nous étions tellement proches du but. Nous avions repéré le lieu, notre routine était presque terminée et nous avions plus d'une cinquantaine de sauts d'entraînement. De tous les projets que nous avions en cours, c'était de loin le plus abouti. J'ai donc décidé, en 2021, de le terminer pour nous. Je savais que j'allais le faire seul. Ce projet était trop lié à Vince, à son invention et à notre histoire pour le remplacer. Et puis, personne n'avait la maîtrise nécessaire des techniques combinées de chute en ski, du vol avec le harnais Mutant et de *speed-riding*. J'ai demandé à Vincent Cotte de m'accompagner sur ce projet. Il allait me filmer en chute libre et nous devions créer une nouvelle chorégraphie tous les deux. Nous sommes allés nous entraîner à Dubaï, un des seuls endroits où on nous laissait sauter avec des skis. En un mois, nous avons fait 150 sauts d'entraînement ensemble. Il m'a beaucoup soutenu en l'air et au sol. Chaque matin, je voyais le hangar Jetman au moment du décollage, donc l'endroit où Vince était décédé. C'était dur, mais ça me motivait. Ça me rappelait que c'était pour lui, pour moi, pour nous. Il n'empêche qu'à chaque saut, j'avais les skis aux pieds et la boule au ventre.

En décembre, je suis allé à Valfréjus pour m'entraîner avec les skis et le Mutant, là où, vingt et un ans plus tôt, le *speed-riding* naissait. Ça m'a brisé le cœur. J'étais vraiment seul pour le coup. En février, j'étais prêt et le tournage était fixé pour la fin du mois. Le projet s'appelait Skyskiing. Le jour venu, je suis monté avec Vincent dans l'hélicoptère qui nous emmenait à 6 500 mètres, équipés de masques à oxygène. Durant les 15 minutes de vol, j'ai pensé non-stop à Vince. J'étais content de réaliser ce projet, mais tellement désespéré de le faire sans lui. Nous avons effectué une quinzaine de sauts. La routine était parfaite. On volait à deux, mais j'étais seul à danser en l'air avec des skis. À chaque fois, j'ouvrais mon parachute et je basculais le harnais Mutant en mode *speed-riding* avant de skier et de slalomer à travers les sapins plantés sur la combe de Balme. Lorsque la vidéo est sortie, j'étais seul dans mon appartement et je voyais les commentaires défiler. Ça plaisait et j'étais content. Vince et moi étions sûrs de notre coup. J'étais fier de moi, de lui. Mais j'étais en larmes. Ça me déchirait le cœur de me voir seul à l'écran.

Pour le début de la vidéo *Skyskiing*, un des membres de l'équipe Red Bull s'est dit que plutôt que de partir d'un hélicoptère comme on en avait l'habitude, ce serait plus joli de se lancer d'un télésiège. Mais aucun pilote d'hélicoptère ne voulait tracter un télésiège avec un homme assis dessus. Heureusement, nous avons trouvé un pilote de montgolfière qui était d'accord. Le 9 mars, nous avions prévu de filmer cette séquence et la veille, en raison des conditions météorologiques, on m'a dit que le lieu du décollage avait changé. Le nouveau point de départ avait été fixé dans un champ à Alex. J'ai halluciné. C'était le village où habitait Vince. C'était un signe.

Le 9 au matin, nous nous sommes levés très tôt et avons retrouvé Dino et nos amis d'Alex venus m'aider dans ce champ, en pleine brume, avec le soleil qui se levait. La lumière était magnifique. On m'a sécurisé avec une corde et un harnais à la montgolfière. Un hélicoptère volait autour pour permettre à Dino de filmer et photographier. Je me suis assis sur le télésiège attaché sous la nacelle. On a gonflé le ballon, et on a décollé. C'était un vol magnifique. J'étais assis sur un télésiège, accroché à une montgolfière qui montait à 3 200 mètres avec les rayons du soleil qui se frayaient progressivement un passage entre les sommets des Alpes plus bas. C'était un télésiège deux places.

Je sais que jusqu'à la fin de mes jours, j'aurai toujours cette impression d'être seul. Je serai toujours entouré par Laurence, mes amis et ma famille, mais je pense qu'ils comprendront qu'une partie de moi s'est envolée avec Vince. La relation que j'avais avec lui était tellement particulière. Nous avons tout partagé pendant vingt ans. Nous avons vécu des moments dingues, toujours l'un à côté de l'autre. C'était une personne incroyable et je lui suis éternellement reconnaissant pour tout ce qu'on a accompli ensemble. Voler à deux sublime toujours un vol. Voler avec Vince a sublimé ma vie.

Est-ce que j'ai l'intention de m'arrêter un jour ? Peut-être, je ne sais pas. On nous a souvent dit que nous étions des « fous », Vince et moi. Je pense le contraire. Il serait fou pour moi d'arrêter de voler. De faire autre chose. C'est en l'air que je suis et que j'ai toujours été. J'ai vécu en quarante-trois ans mille fois plus que n'importe qui. Ma vie a été intense, marquée par des moments tellement douloureux. Mais aussi par des instants de bonheur et de beauté incroyables. Je vais continuer à sauter avec Laurence, celle avec qui je préfère le faire, mais aussi avec mes coéquipiers et mes potes. Je vais continuer à réaliser les quelques rêves qu'il nous restait, avec Vince, avant d'en entamer d'autres.

# Remerciements

Je tiens à remercier mes parents qui m'ont transmis leur passion et, au-delà de leur amour, le plus beau cadeau de la vie. Cette passion a fait de mon existence une aventure extraordinaire que j'ai vécue et que je continue de vivre à 100 %.

Merci à ma famille et en particulier à mes sœurs, Anne et Florence, que j'aime fort.

Merci à ma femme Laurence qui est merveilleuse et qui me soutient. Je t'aime.

Merci à mes coéquipiers Veush et Bras Noir ; vive l'esprit des Soul Flyers !

Merci à mes amis, je ne peux tous les citer car ils sont trop nombreux mais ils savent qui ils sont, ils savent aussi que l'amitié pour moi est extrêmement précieuse et que je les aime très, très fort.

Le monde du parachutisme et du *base-jump* m'a amené à rencontrer des personnes extraordinaires, qui sont devenues ma famille. Grâce à elles, je suis qui je suis aujourd'hui. Merci.

Enfin, un immense merci à Anton Stolper qui m'a aidé à écrire ce livre. C'est une belle et difficile aventure et je suis très reconnaissant de son aide et de son soutien tout au long de ce travail.

Un merci infini à Vince, mon frère de vol, pour ces moments extraordinaires, uniques et inoubliables. Tu es un ange parmi les anges, montre-leur comment on vole, là-haut.

Ce livre est dédié aux amis qui nous ont quittés et avec qui nous avons vécu des moments extraordinaires.

*Composition et mise en pages*
*par Facompo Lisieux*

#lisez! engagé
www.lisez.com
Pour plus d'information :
Imprimé sur du papier issu de forêts gérées durablement.

Achevé d'imprimer en France en janvier 2024
par l'Imprimerie Maury S.A.S. à Millau (12)
pour le compte des Éditions Robert Laffont
92, avenue de France, 75013 Paris

N° d'édition : 67323/03
Dépôt légal : octobre 2023
N° d'impression : A24/74760L